Francisco Castro Veloso

Eso no estaba en mi libro de los Beatles

LIBROS
EN EL
BOLSILLO

© Francisco Castro Veloso, 2023
© Editorial Almuzara, S.L., 2023
Edición en Libros en el Bolsillo, mayo de 2022
www.editorialalmuzara.com
info@almuzaralibros.com
Síguenos en redes sociales: @AlmuzaraLibros

Director editorial: Antonio E. Cuesta López
Libros en el bolsillo: Óscar Córdoba
Edición: Javier Ortega
Impreso por BLACK PRINT

I.S.B.N: 978-84-11316-63-7
Depósito Legal: CO-404-2023

Ilustración de cubierta basado en obras de Óscar Blanco, Ilyafs y Harold Guevara.
Fotos procedentes del archivo personal del autor.

Código IBIC: AVGP
Código THEMA: AVP
Código BISAC: MUS020000

Editorial Almuzara
Parque Logístico de Córdoba. Ctra. Palma del Río, km 4
C/8, Nave L2, nº 3. 14005 - Córdoba

Impreso en España - *Printed in Spain*

«And in the end, the love you take
is equal to the love you make»

(The Beatles: «The End», en Abbey Road)

Para Mucha,
que pronunciaba «bitlis»
pero yo la quería.

PRÓLOGO
WELL, SHAKE IT UP, BABY, NOW...
(SOBRE BEATLES Y CULOS)

Hay tantos libros sobre los Beatles en el mercado como pelos en las barbas de John Lennon, George Harrison y Ringo Starr en la portada de *Abbey Road*. Suena a exageración pero probablemente no lo es. Si pones en Google «libros sobre los Beatles», te salen más de 1.400.000 entradas. Ignoro cuántos pelos puede haber en la cabeza de un beatle peludo pero, a ver, eso no puede ser, ¿tantos?, así que, venga, filtremos más. Vamos a un portal de venta online que no vamos a decir cuál es pero que es el que más se usa en el mundo. Ahí seleccionamos la pestaña de «libros» y ponemos «Beatles» y sale esto:

1-16 de más de 10.000 resultados para «Beatles»

Me muevo por las páginas y confirmo que, en efecto, son libros sobre los Beatles. Más de 10.000 en esa tienda online. Sobre todos los temas que se os puedan ocurrir: sobre como grababan, Beatles para bebés, letras ilustradas, letras sin ilustrar, libros de partituras para guitarra, la historia de todas sus canciones, para piano, ¡para flauta!, sobre por qué se separaron, sobre la maldición oculta de su destino, sobre su influencia filosófica en el mundo...

En serio: no hay tema relacionado con ellos que no haya sido tocado, explicado, analizado... Sólo estuvieron publicando discos entre 1962 y 1970 pero, sin embargo, han sido capaces de generar una bibliografía que parece infinita y que se acrecienta año tras año. Este libro, por ejemplo, la acrecienta.

Contaba Paul McCartney que una vez estaba parado ante un escaparate en Londres, y que un individuo que se identificó como *profesor* le estuvo explicando el significado verdadero de una de las canciones de los Beatles, una que, además, había compuesto McCartney. Paul reconoce que no consiguió entender nada de lo que supuestamente él había querido decir sobre aquella canción, ¡suya!, después del análisis del *experto*. Aquí no vamos a caer en ese error. No vamos a jugar al ocultismo, pues sí: todo lo que había que decir sobre los Fab Four ya está dicho.

Por lo tanto, ¿para qué este libro?, ¿por qué este libro?

Hunter Davies, el primer biógrafo de los Beatles, autorizado por ellos para escribir sobre el grupo ya durante los primeros años de la Beatlemanía, y que en 2002 actualizó su trabajo sobre ellos, escribía en el prólogo del libro, en la reactualización del siglo XXI:

«Cada mes aparecen nuevos libros dedicados a los Beatles y destinados a los lectores académicos, a los jóvenes o al público en general, prometiendo datos nuevos, cosa que suele significar que el viejo pastel se reparte en trozos aún más pequeños. Hay Cerebros Beatleanos que ni siquiera habían nacido cuando los Beatles tocaban en directo y que saben más del grupo que los propios Beatles. Pueden decirte qué estaban haciendo y dónde lo hacían en cada momento de cada día de sus vidas como grupo[1]».

En este volumen no vamos a contar la historia de cuatro chicos (al principio eran cinco, y no eran ni siquiera los que luego terminaron siendo) que se convirtieron en el grupo musical más célebre de la historia protagonizando de paso la más bonita historia de amor entre el gran público y unos artistas (la de los Beatles es, sobre todo, una historia de amor, un proceso global, el primero de ellos, de enamoramiento colectivo de una cultura entera, la occidental, con cuatro mozalbetes descarados y encantadores). Esa historia, insisto, ya está contadísima. En 1995, Paul McCartney, George Harrison y Ringo Starr (y la hemeroteca con cientos de horas de entrevistas con John Lennon), publicaron *Anthology*, un libro gigantesco (en tamaño y precio, pero esto último a los fans nos da igual, si es de los Beatles, ¡lo queremos!) en el que, probablemente hartos de leer tantas cosas raras sobre ellos (siempre hay *un profesor* que te aborda en un escaparate y te explica lo que de verdad querías decir y tú no sabías que querías decir exactamente eso porque en realidad, en fin, tú querías decir otra cosa) decidieron contar, ellos mismos, su historia. Y no seré yo el que haga aquí de profe-de-escaparate que se pone a explicar cosas que los que protagonizaron esto ya dejaron para siempre fijado. Ese libro es La Biblia beatlemaníaca y, por lo tanto, palabra de Dios.

En este libro vamos a ir a un enfoque que exactamente responda a su título: *Eso no estaba en mi libro de los Beatles*. Por lo tanto, vamos a centrarnos en ofrecer, contextuali-

---

1   Davis, Hunter: *The Beatles*, Ediciones B, Barcelona, 2005, pp 10-11.

zados, datos que no siempre aparecen o aparecen poco, personajes que pasaron por la historia de los cuatro de Liverpool un día, quizás dos, pero que fueron, por unos u otros motivos, importantes; detalles cruciales a los que se les ha dado poca relevancia, elementos que luego quizás quedaron empequeñecidos por el tamaño de la gesta, pero que en su momento fueron dignos de ser tenidos en cuenta. Queremos que sea eso, un libro en el que están esas cosas que por lo general se obvian, pero que, de no haber estado, la historia quizás no hubiera sido otra pero quizás sí habría sido algo distinta.

Ese es el sentido de este libro.

Ya aviso al amable lector o lectora que no vamos a seguir un orden cronológico. Podríamos —hablaremos de ello— empezar por aquella remota tarde en la que Paul y John se conocieron (6 de julio de 1957, en la Iglesia St. Peter Church Road, Woolton, en Liverpool —por lo tanto, Primer Día de la Creación) hasta el fatídico día (10 de abril de 1970) en el que Paul anunció en una nota de prensa que dejaba los Beatles (ese día salía de Cabo Cañaveral en Houston el Apolo 13, pero a nadie interesaba la gesta espacial ante Semejante Cataclismo como era la separación de los Beatles. Ese sí que era un problema y no el de los astronautas). No lo vamos a hacer así porque ya se ha hecho muchas veces.

El libro está escrito y organizado en pequeños capítulos que nos van a llevar de un año a otro, de delante para atrás y de atrás para adelante como si fueran esos pequeños trozos de *loop* que los Beatles y George Martin (su productor) pegaban para reproducir hacia atrás y hacia delante a la mitad de la velocidad, para luego acelerarlo, para ver que era lo que pasaba. Pues igual.

A través de esos capítulos intentaremos arrojar algo de luz sobre la historia del grupo, su música, sus logros, sus fracasos, pero también, sobre su época, sus influencias, las gentes que les rodearon, los lugares importantes, los «actores secundarios» que fueron cruciales para que todo sucediese como finalmente sucedió...

Y una nota final: este prólogo se titula *Well, shake it up, baby, now*, o sea, la primera frase de *Twist and Shout* porque, por lo general, era la canción con la que los Beatles, en los años más locos y acelerados de la Beatlemanía, abrían sus cortísimos conciertos. Raramente duraban más de media hora y, a medida que iban pasando los años y más les costaba tocar y seguir encima de aquella rueda loca que era todo aquello —Lennon lo definió acertadamente como «circo de tres pistas»— más los acortaban, más rápido tocaban... para acabar cuanto antes y largarse de allí. Es lógico, no se escuchaba nada, no se escuchaban ni ellos mismos. Hoy la tecnología permite que hasta el grupo más pequeño y humilde tenga en el escenario monitores que les permiten escucharse, o llevan «pinganillos» en los oídos que les faculta para escuchar todo correctamente, pero en aquel entonces, no, en aquel momento los altavoces, pequeños para que pudiese escuchar tantísima gente, a veces se integraban en la megafonía normal del recinto, con lo cual el sonido, además de pésimo, era inaudible para los músicos. En fin, Ringo resumió perfectamente lo que era aquello cuando afirmó que sabía en qué momento de la canción estaban no porque escuchase la música sino «por el movimiento de los culos de los otros tres». Así lo dijo en el «South Bank South»:

«Estábamos totalmente hartos de ir de gira, y ¿por qué estábamos hartos de ir de gira?, porque nos estábamos transformando en unos músicos tan malos... El volumen del público era siempre superior al volumen de la banda. Personalmente, para mí no había oportunidad de hacer filigranas porque sencillamente desaparecerían. Así que terminé más o menos tomando como referencia los culos de los otros tres y tratando de leer sus labios para ver dónde nos encontrábamos[2]».

En fin, dejemos los culos y escuchemos a otro músico de Liverpool, y que además ha trabajado con McCartney, incluso ha compuesto con él, Elvis Costello, quien en un artículo en la revista Rolling Stone[3] nos cuenta lo que sucede en el momento en el que Paul, poco después de muerta su primera esposa, Linda Eastman, en un homenaje a ella organizado por el propio McCartney, sale a cantar «All My Loving»:

«En cuanto cantó el primer verso —*Close your eyes and I'll kiss you*— la reacción del público fue tan intensa que ahogó completamente la canción. Fue impresionante, pero también desconcertante. Tal vez en ese momento entendí uno de los motivos por el que los Beatles tuvieron que dejar de tocar. Las canciones ya no eran suyas. Eran de todo el mundo».

Venga. Al lío.

One, two, three, four!

Well, shake it up, baby, now...

---

2   Citado en Martin, George: *El verano del amor*, Editorial Milenio, Zaragoza, 1997, pág. 24.

3   Número especial de junio de 2004 titulado *50 años de rock*.

¿QUÉ ES LO QUE NO SALÍA EN TU LIBRO DE LOS BEATLES?

Lo que no salía en tu libro de los Beatles, en ninguno de hecho, hasta este que tienes en las manos, son las risas.

Lo que no salía eran las risas. De verdad. Las risas.

Todos los que hemos dedicado años de nuestra vida, gozoso sacrificio, a leer, escuchar, analizar, estudiar, reflexionar... sobre la vida y la obra de los Beatles, tenemos bien interiorizado que el final del grupo fue difícil, trágico, lleno de malos rollos, discusiones, malentendidos y frustración. El documental firmado por Michael Lindsay-Hogg y proyectado en forma de película en el año 1970 titulado «Let It Be», recién separados, se nos metió a todos dentro para siempre, ese clima negro, esos nubarrones apagando para siempre la luz de una época de sol, fiesta y energía creativa que parecía infinita. En la película documental «Let It Be» vimos un grupo sombrío, trabajando en el estudio sin que nadie sonría ni siquiera levemente nunca. Enfadados, se suben a la azotea a cantar como funcionarios que van a fichar a la oficina, pero pendientes del reloj para irse cuanto antes de allí. Un desastre y una tristeza. Ellos mismos, en los meses siguientes, publicado ya el disco resultante de aquellas semanas de trabajo frente a las cámaras en enero de 1969 bajo el título, también, de «Let It Be» (destrozado por completo por el productor Phil Spector; ya hablaremos de esto hacia el final de este libro), se dedicaron a aumentar y acrecentar esa leyenda siniestra. John y Paul, especialmente, se dedicaron a lanzarse pullitas infantiles en entrevistas, en canciones. George, por su parte, comenzó a hablar de los Beatles como si hubiera sido la peor experiencia de su vida. Eso se nos metió a todos dentro... hasta noviembre de 2021, tantísimos años después, cuando los Beatles lanzaron «Get Back», el documental realizado, en esta ocasión, por Peter Jackson, quien pudo acceder a las más de 60 horas de metraje grabado por el equipo de Lindsay-Hogg... para descubrir, sobre todo, las risas. Mucha risa.

Un mes antes del estreno del documental de Jackson, se publicó el libro en el que se recogen las conversaciones entre los Beatles y el resto del equipo técnico durante aquellas semanas fecundas de trabajo que darían lugar a un álbum, el citado «Let It Be», lleno de canciones asombrosas. Cuando a Jackson Paul le propone hacerse cargo de ese trabajo, le dice que no se corte, que haga lo que quiera, que cuente la historia bajo su punto de vista.

Paul acostumbra a hacer esa clase de cosas. Cuando el periodista Philip Norman recibió el encargo del propio Paul, de escribir su biografía, le dijo exactamente lo mismo. Escribe lo que quieras. No pienso supervisarte. No tienes ni por qué pasármelo antes de enviar a imprenta.

Norman había escrito artículos muy duros contra Paul después de la separación del grupo, pero a McCartney le había gustado mucho la biografía que él había escrito sobre John Lennon...

Peter Jackson accede a todo ese material y lo visiona durante semanas, y lo que ve, fundamentalmente, es un grupo despistado, eso sí, que no tiene muy claro qué es lo que está haciendo en aquellos fríos estudios cada día desde muy temprano, si un documental, si un ensayo para un concierto con público (en Libia, en África, en un crucero lleno de amigos; las ideas, según iban pasando los días, eran cada vez más alocadas), o qué. Hay tensiones a veces, sí, pero sobre todo hay risas, buen humor, trabajo duro, conciencia de grupo, cuatro músicos (cinco, con Billy Preston, ya hablaremos de él) intentando construir buenas canciones. Quien lea el libro verá que no hay para nada ese mal rollo que la primera versión documental nos ofreció, sino más bien, todo lo contrario. Cuatro amigos pasándoselo bien haciendo música. Cuando lees el libro o ves el documental te queda claro que allí había risas. Muchas risas.

Y, por lo tanto, se cae un mito. Un mito de los malos. Ese que decía que casi andaban a tortas y, sobre todo, que John y Paul ni se hablaban. En absoluto. Están ahí mano con mano, frente a frente, como cuando eran unos adolescentes, trabajando en colaboración fecunda para intentar sacar canciones adelante, para hacer música de la buena. El entendimiento entre los cuatro es absoluto. Allí metidos, son los Beatles. No son John (y Yoko), Paul, George y Ringo. Son los Beatles en fecunda unión creativa musical.

Eso era lo que nos faltaba en cualquier libro sobre los Beatles.

Y estamos felices de que aquellos últimos momentos hayan sido exactamente así de felices. Tensos, pero felices. Complicados, pero felices. Con conciencia de que se separaban, sobre todo, porque todos tienen ganas de hacer otras cosas. George y John mantienen una conversación en la que Harrison dice que tiene tantas canciones que le gustaría hacer un LP sólo con ellas. Lennon le anima, le dice que es una gran idea, que lo haga. Y que todos los Beatles deberían hacer cosas por separado y cada cierto tiempo juntarse para grabar un nuevo álbum de los Beatles. ¿Verdad que habría sido una buena solución?

LOS PRIMEROS AÑOS Y LA BEATLEMANÍA. CUANDO LOS FAB FOUR CONOCIERON A GEORGE MARTIN

6 DE JULIO DE 1957

Ese día era sábado y, aunque en el Reino Unido siempre es interesante tener un paraguas cerca, por si acaso, aquel día hacía calor, mucho. Los escolares estaban de vacaciones y con ganas de pasarlo bien. Era sábado y en Wolton, una zona más bien suburbana de Liverpool, hay una fiesta. Va a ser un gran día y va a ser una gran fiesta. De hecho, va a ser Una Fiesta Histórica. Lo que pasa es que los organizadores no lo saben. No tienen ni idea de que ese día la historia de la música, del rock and roll y de paso la tuya y la mía va a cambiar para siempre. No exageramos. Ese sábado de calor húmedo, moscas y cerveza nunca lo suficientemente fría, ese día se van a conocer dos adolescentes de 17 y de 15 años. Uno fuma y se llama John. El otro acude en bicicleta, con una guitarra a la espalda, y se llama Paul. El mayor presume de que ya ha tenido relaciones sexuales, un par de borracheras y muchas peleas. El más pequeño sueña con ser músico de vodevil y escribir canciones para las películas. A ninguno de los dos les interesa mucho la escuela, pero sí el skiffle, el ritmo de moda en aquel momento, que se toca con una tabla de lavar a modo de batería y un bajo hecho con una lata de cualquier cosa, por lo general cajas grandes de té, un palo de escoba y una cuerda. Por supuesto, nada de electricidad.

El primero de aquellos chavales que no tienen ni idea de la que van a montar se apellida Lennon y tiene un grupo de skiffle que va a actuar en ese día de fiesta. Los Quarrymen, que así se llaman porque todos estudian en el Quarry Bank School de Liverpool, forman parte de un cartel en el que, desde las 2 de la tarde, que es cuando los británicos ven partidos de fútbol y se emborrachan, va a haber además un concurso de disfraces y una exhibición de perros policía.

Por haber, hasta va a haber un desfile de carrozas. Un par de camiones decorados con flores pasearán entre las gentes de Wolton. Chicas guapas saludan y lanzan flores desde allí arriba. Lennon y los suyos, como parte del espectáculo, están obligados a tocar desde un camión en movimiento. Bastante hacen con no caerse. Los Quarrymen son, que nadie lo dude, lo menos interesante de esa jornada festiva. En ese año de 1957, se estima que hay más de 50.000 bandas de skiffle. Ellos son uno más y no uno de los mejores. Pero el pequeño de esos dos chavales de los que estamos hablando, y que se apellida McCartney, ha ido allí a ver a esos aprendices de músicos de los que alguna gente habla. A ver a los Quarrymen.

Paul tendrá que esperarse hasta las 8 de la tarde. Con la oscuridad llegará la cerveza, los bailes y, quien sabe, alguno hasta podrá ligar. Sin embargo, la gran relación que va a salir de esa fiesta en Wolton va a ser una de las más fructíferas, por lo menos en el plano musical, de todos los tiempos. Lennon y McCartney van a casarse ese día para el resto de la eternidad. Pero eso ellos tampoco lo saben.

Los carteles hablan de la actuación de dos grupos. Los ya citados The Quarrymen (en el cartel les añaden un «group» al final de su nombre) y la más experimentada y profesional banda de George Edwards. Esta sí que promete. Esta sí que va a hacer bailar a los parroquianos de la fiesta. Los Quarrymen son más para la chavalada. Que toquen y que se vayan, al cine o a donde sea, cuanto antes y que no molesten a los mayores.

Hay una famosa foto de ese día, tomada unas horas antes de que John y Paul se conozcan y que muestra a los Quarrymen en pleno esfuerzo musical. El centro de la imagen la ocupa un jovencísimo Lennon con tupé y camisa de cuadros. Rasga la guitarra mientras sus compañeros hacen lo que pueden. Con él están Colin Hanton a la batería (luego, ya electrificados y como casi Beatles, con Paul y George, ocupará de vez en cuando el puesto siempre vacante de batería; hablaremos de esto más adelante), Pete Shotton a la tabla de lavar (Pete, el amigo eterno de John, quien compartirá con él importantes momentos de la Beatlemanía y hasta, según repite cada vez que le preguntan, le dió a John algún verso de «Strawberry Fields Forever»), Len Garry al bajo con una caja de té y el también guitarrista Eric Griffiths.

(Un inciso sólo para presumir: este autor, el de este libro, tiene esta foto firmada por todos ellos. Por Lennon no, obviamente, pero sí por el resto... Disimulen la vanidad. También tengo un trozo del piano usado por los Beatles entre 1965 y 1968, pero en fin, estas cosas las digo sólo para presumir y dar envidia).

En esta historia, grandiosa, que aquí estamos contando, tenemos que introducir ahora a una de las personas más importantes para que la Conjunción Cósmica se pueda producir. Hablamos de Ivan Vaughan, amigo común de ambos, de John y de Paul. Siempre las cosas funcionan así desde antes de Facebook. Unos amigos te llevan a otros. Y este era amigo de John y era amigo de Paul, así que unos minutos antes de comenzar la actuación, los presenta. Ambos han reconocido en multitud de ocasiones que se cayeron bien de inmediato. A Paul le impresionaba un tío tan mayor que incluso tenía su propio grupo. A John le impresionará ese chavalito imberbe que es capaz de afinar guitarras y que sabe muchos más acordes que él. De hecho, Paul se dedicó, conscientemente, a impresionarlo. Sacó la guitarra que llevaba colgada a la espalda y tocó delante de las atónitas narices de Lennon dos temas estrella del momento o, lo que es lo mismo, del incipiente rock and roll que estaba volviendo literalmente locos a esos dos y al resto de la juventud inglesa. Tocó para él «Be-Bop-A-Lula» de Gene Vincent (años después, ya separados los Beatles, Lennon la grabará en su disco de clásicos titulado, precisamente, «Rock and Roll») y de Eddie Cochran, la vibrante «Twenty Flight Rock» que imaginamos que dejó a Lennon patidifuso. Después, Paul, chulito, se marcó una especie de *medley* de canciones de Little Richard.

Toda esta escena se desarrolla en un espacio tan poco proclive al rock, el desenfreno y los grititos como es la iglesia de Wolton. Por suerte para sus almas, no estaban dentro. Fue en los terrenos de la iglesia, pero fuera.

Al terminar el concierto, y como la noche es joven y hay muchas ganas de juerga, John y Paul, con Ivan Vaughan, se meten en un pub. Eran menores de edad así que hicieron lo que se hace en estos casos: mintieron sobre su edad para poder entrar. El portero no debía de estar muy atento, quizás era muy de noche y estaba todo muy oscuro o que simplemente le daba todo igual y dejó pasar a esos chiquillos para que se cociesen a cervezas. Hoy ese señor estaría en los juzgados, pero estamos hablando del nacimiento de una leyenda del rock y quizás él, en el fondo de su corazón, algo imaginaba. Ya sabemos que no fue así, pero podemos soñar que fue así.

En el pub, Lennon y Shotton van a tratar un tema trascendental: ¿debemos pedirle al chavalito ese con cara de niña que entre en el grupo? Es un fenómeno. Eso lo tienen claro los dos, sobre todo John. Él ha reconocido en varias entrevistas que en aquel momento dudó en admitirlo en el grupo, precisamente, por eso: era demasiado bueno y su liderazgo podría correr peligro. Al mismo tiempo, se daba cuenta de lo buen músico que era y que eso podía hacer crecer al grupo. Así que dijo que sí. Se comió el ego y dijo que sí.

John acababa de tomar una decisión que iba a provocar un terremoto absoluto en la cultura occidental. Pero eso él no podía saberlo en aquel momento.

Ya explicamos que Paul iba a todas partes en bicicleta. Es lo que se espera que haga un chiquillo de quince años durante las vacaciones de verano. Y en bicicleta lo encontró Pete Shotton quince días después. Lo paró en seco. Paul frenó. Quizás derrapó un poco la rueda de atrás, como hacen los tíos duros. Pete le hace la propuesta formal para que se incorpore al grupo. Paul no acepta enseguida, dice que tiene que meditarlo.

Por suerte para todos nosotros, algunos días más tarde, le dijo a Pete que sí.

Ese sí que fue un buen fin de fiesta. Y el comienzo de otra mucho más loca, más hermosa e interesante. Acababan de nacer, pero tampoco ellos tenía ni idea, nada más y nada menos que los Beatles.

LOS BEATLES ERAN UN GRUPO ALEMÁN, NO INGLÉS

Komm, Gib Mir Deine Hand

Hay un capítulo divertidísimo —como casi todos en realidad— de *Los Simpson* en el que Homer es detenido, ya no recuerdo por qué, por la policía inglesa. Se lo llevan en volandas y, mientras patalea en los brazos de un «Bobby», suelta la siguiente perla, a modo de venganza:

—¡Nuestros Beatles son mejores que vuestros Rolling!

Nos reímos, claro, porque sabemos que los Beatles son británicos, al igual que los Jagger, Richards y compañía. No son, pues, estadounidenses, como creía Homer en su bendita ignorancia. De hecho, los Beatles fueron la primera formación en avanzadilla en la conquista del mundo por parte de la música británica. Entre las muchas cosas que consiguieron está esa, la de abrir camino a tantos y tantos grupos de Inglaterra que vinieron detrás de ellos a conquistar el gran país norteamericano o, lo que es lo mismo, el mundo entero. Los Rolling Stones, Police… todos llegaron después y usando, de alguna forma, las vías que los Beatles habían abierto.

Sin salirnos del mundo del cómic, esto ya lo vio también el genial Quino (beatlemaníaco absoluto, como Mafalda, son muchas las tiras cómicas con referencias a los Beatles) cuando nos muestra a la maestra de Susanita, Felipe, Manolito, Miguelito y, por supuesto, la gran Mafalda, corrigiendo trabajos escolares que responden al título de «Las invasiones inglesas». Todos los trabajos son dibujos en las que los niños y las niñas muestran escenas bélicas de cañones y batalla… hasta que llega al dibujo de Mafalda. Se trata de una pareja, él barbudo como Lennon y ella floreada como Janis Joplin. Ambos portan sendas pancartas. La de él dice: *Vivan los Beatles*. La de ella: *Y los Rolling Stones*.

Así pues, los Beatles son (aunque Homer no lo sepa, pero, en fin, es Homer) un grupo británico. Sin embargo, no habrían sido lo que son de no haber sido, al menos por un tiempo, una especie de grupo alemán, concretamente, de Hamburgo, ciudad muy parecida al Liverpool que vio crecer a los, en aquel entonces, 5 Beatles (John, George,

Paul, Pete Best y Stuart Stucliffe), o sea, una ciudad portuaria, húmeda y peligrosa. Herida, como Liverpool, por la Segunda Guerra Mundial. Deseosa, como toda Europa en aquel entonces, de vida y diversión.

La historia es conocida: algunos años antes de que estallase la Beatlemanía en el mundo entero, incluso antes de convertirse en el grupo fijo del *The Cavern* de Liverpool, se bregaron en tugurios varios en Hamburgo, adonde fueron a dar con sus jóvenes huesos casi por casualidad. Allí trabajaron a destajo durante horas y horas fundamentalmente para un público compuesto por borrachos, *streapers* y gente de mala muerte a la que el rock les interesaba en la medida en que era ruidoso. Muchos de aquellos «conciertos» (no se les puede llamar así, pero nos entendemos) terminaban con el público lanzándoles sillas y ellos, por supuesto, devolviéndoselas. Las fotos de aquella época nos muestran unos jóvenes Beatles pasándoselo de miedo, literalmente, porque además, muchas veces, tenían miedo de aquellos alemanes pasados de rosca a los que nos les importaba (de hecho, era a lo que iban muchas veces) acabar a piñas con quien fuese. Un público exigente que les va a pedir mucho y que a veces, como ha reconocido Paul en muchas entrevistas, se cansaban del rock and roll y les pedían boleros o mambos. Y ellos, qué remedio, tocaban boleros, mambos y lo que fuese necesario.

Quizás eso es lo que explica que el repertorio futuro de los Beatles sea tan variado.

Por aquella época, Lennon no tenía dudas de que eran el mejor de los grupos que había en aquella ciudad alemana o en todo Liverpool. George también decía que la mejor época de los Beatles, musicalmente hablando, había sido precisamente aquella, la más anónima, la menos conocida.

Los Beatles llegaron a Hamburgo con el arranque de la década, los Míticos 60 que tanto han significado en la historia cultural de occidente. Concretamente lo hacían un 17 de agosto de 1960, en pleno verano de Hamburgo, muy parecido, por cierto, al de Liverpool, o sea, llueve casi todos los días. En aquella primera tanda de actuaciones (volverían un par de años más, hay incluso una grabación, pésima, hecha con una grabadora casera Grundig con un micrófono diminuto pegado al escenario, cuando ya «eran alguien», titulada «Live! at the Star-Club in Hamburg», del año 62, pero que se lanzó en 1977) tocaron durante 48 noches seguidas en el Indra Club. O sea, mes y medio *dalequetepego* tocando repertorio propio (algunas canciones, pocas, eran suyas, y la gran mayoría hits del momento o, simplemente, temas que les gustaban. Aquellas cintas contienen 33 canciones, muchas de ellas, repetidas, algo que sucedía con mucha frecuencia en aquellos primeros «conciertos» alemanes, pues había que entretener al respetable… aunque no fuese muy respetable). Luego, en una segunda tanda, tocaron 58 noches en el Kaiserkeller. Si queremos buscar workoholics, estajanovistas o adictos al trabajo, estos muchachos lo eran. O no: se trataba de mera supervivencia. Querían ser músicos de rock and roll. Había que darle duro y en las condiciones que fuese. Hoy las cosas no son así, ya lo sabemos. Hoy un *triunfito* puede tener fama y fortuna con muy poco esfuerzo. Pero antes, Las Cosas Eran Duras. Todavía volverían al año siguiente, tres meses seguidos, ya en mejores condiciones pero todavía de una forma muy precaria, para tocar en el Top Ten Club.

En aquella época, desde el escenario, para animarse unos a otros cuando estaban ya exhaustos, cualquiera de los cinco gritaba: «*Noch einmal!*», o sea, «¡Una vez más!». Y así, y con anfetaminas, se mantenían en pie una noche tras otra.

Tan precario era todo, pero tanto tanto, que el acuerdo al que llegó Ted «Kingsize» Taylor (líder de The Dominoes, otro de los grupos importantes de la época) con John Lennon para que les dejase grabar aquella cinta de la que hablamos y que terminó siendo un disco, fue que el local les invitase a una cerveza durante la actuación. Con el paso del tiempo, esas cintas se vendieron por una cantidad astronómica... Nunca una invitación a una cerveza resultó más rentable.

La formación en aquel entonces era de cinco componentes, con Stu Stucliffe, el amigo de John y pintor (si entrais en la Wikipedia es como se le define: pintor), quien, por cierto, no tenía ni idea de tocar el bajo, por eso tocaba casi siempre de espaldas, para que no se notase, y Pete Best a la batería quien, precisamente, se acababa de unir al grupo unos días antes de ese primer viaje a Hamburgo. Por cierto que en las grabaciones del Star-Club, Stu ya no estaba. Había dejado el grupo el año anterior. Se quedó en Hamburgo pues tenía claro que lo suyo era la pintura y, sobre todo, lo suyo era Astrid Kirchherr, una linda fotógrafa que, además de hacerse su novia, se inventó el famoso peinado beatle que haría furor en los años siguientes en todo el mundo. Stu falleció unos días antes del regreso de los Beatles a Hamburgo en el 62. Acababan de publicar su primer single, «Love Me Do», y estaban realmente llenos de optimismo. Aquel fue un mazazo terrible, sobre todo para John, pues Stu era su gran amigo y colega artístico.

Stu Sutcliffe es una de las caras que integran el collage maravilloso de la portada del Sgt Pepper's. Él tenía que estar ahí…

En aquellas interminables sesiones, entre semana tocaban unas cuatro horas y media seguidas pero luego, en sábado y domingo, la cosa podía prolongarse hasta las seis horas o lo que fuese necesario. Había que tocar mientras hubiese público. Mientras hubiese ganas de fiesta.

Hoy no nos sorprende leer en la prensa los caprichos que exigen las grandes estrellas del rock and roll a las organizaciones de los conciertos (Ringo, por ejemplo, quiere que en su camerino siempre haya una cesta con naranjas; Paul, que no haya carne para comer en ningún sitio del recinto donde él toca), pero aquel día de agosto en el que los Beatles llegan a Hamburgo, el promotor que los traía, un tal Bruno Koschmider (que no tenía ni idea de música y era un *buscador de la vida* de manual) se los llevó a su apartamento donde pudieron compartir, todos, la misma cama. Un par de días después, la cosa mejoró y terminaron alojados en la parte de atrás de un cine. Los baños eran los del cine. Si querían lavarse (ducha, por supuesto, no había) había que hacerlo allí. Lo mejor era hacerlo mientras se pasaban las películas porque entonces había menos gente en el baño.

Es una época, además de precaria, salvaje, que hace que los que ya eran amigos lo sean un poquito más. Esa convivencia, lo reconocieron en mil ocasiones, hizo que se protegiesen mutuamente y fuesen un grupo unido. Dormían juntos, comían juntos, paseaban juntos y tocaban juntos. Hasta cuando tenían la suerte de ligar, se llevaban allí a las chicas. El pacto era que los demás se hiciesen los dormidos. Según cuenta el propio Harrison, cuando él se estrenó en las cosas del sexo (era el más pequeño de todos, de hecho, era menor de edad y cuando se descubrió los expulsaron del país) al terminar, todos los demás se levantaron y le dedicaron un sonoro y fraternal aplauso.

En aquel momento estaban, literalmente, muy unidos.

Lennon lo expresó así en la entrevista que, con Yoko, concedió a *Playboy* en septiembre de 1980:

«Dormíamos en el mismo cuarto, prácticamente en la misma cama, en el mismo camión, vivíamos juntos noche y día, ¡comíamos, cagábamos y orinábamos juntos! ¿Me entiendes? ¡Hacíamos todo juntos!»

El cine, por cierto, se llamaba Bambi Kino.

Fueron años intensos para aquellos cinco que, al volver a Liverpool (sólo cuatro, Stu, ya lo contamos, se había quedado en Alemania para estudiar arte) fueron tomados por muchos como «un grupo alemán». Por eso empezábamos este capítulo diciendo precisamente eso: que durante un tiempo fueron una especie de grupo alemán. Tuvieron que dedicarle muchas horas a aclarar que eran de Liverpool.

Lo cierto es que habían cambiado mucho. Estaban más que delgados, fruto de tanto esfuerzo y de tantas anfetaminas, que además de estimular quitan el apetito. Pero, sobre todo, ahora eran un buen grupo, experto, sólido, fiable. Tantas horas tocando a destajo, intentando hacerlo bien para un público, digamos, extraño y violento, los habían hecho crecer musicalmente hasta el infinito. Allí se hicieron músicos de verdad. De hecho, George no dudaba al afirmar que el sonido beatle, ese «algo» que era diferente de todo lo que se hacía en el momento, venía de Hamburgo y que había nacido allí.

Cómo era de salvaje y de intenso todo aquello lo atestiguan las fotos que se conservan, pero también testimonios como los de Cynthia, la primera mujer de Lennon en el libro que escribió sobre John:

«El Kaiserkeller, como el Indra (dos de los clubs en los que tocaron durante aquellos años), estaba situado en el Reeperbahn, el Soho de Hamburgo, donde las calles estaban cubiertas de salas que ofrecían espectáculos eróticos en directo, *strippers* y alcohol a todas horas. Las drogas y la violencia estaban a la orden del día. John escribió que frecuentemente veía a gente con navajas automáticas y que los camareros llevaban una porra para mantener el orden. Era un mundo muy diferente al de Liverpool, pero afortunadamente sus padres no tenía ni idea de aquello y yo, por supuesto, nunca se lo mencioné ni a Mimi ni a nadie más.

No se me ocurrió pensar que ellos tomaran drogas. Sólo después de que volvieran John me contó que habían aprendido a permanecer despiertos, tragándose pastillas en pequeñas cantidades. Pete rechazó tomarlas, pero los demás pensaron que eran geniales, y pronto pasaron a pastillas más fuertes, unas anfetaminas llamadas Black Bombers y Purple Hearts. Rara vez dormían y no comían en condiciones, pero ellos se los estaban pasando en grande y sus contratos fueron ampliados varias veces[4]».

---

4   Lennon, Cynthia: *John*, Robinbook, Barcelona, 2006, pág. 62.

Así las cosas, no es extraño que el libro de Tim Hill y Marie Clayton titulado *The Beatles. Los archivos secretos*, empiece, precisamente, así:

«Todo el mundo sabe que los Beatles eran de Liverpool, pero el inconfundible sonido y el talento del grupo para ganarse al público no provenía de los bares y clubes de su ciudad natal, sino de los duros años de Hamburgo[5]».

Así que, cuando regresaron a Liverpool, la diferencia entre ellos y el resto de las bandas de la ciudad —había docenas— es abrumadora. Y eso se va a empezar a notar en los contratos que empiezan a salir para tocar en los distintos clubes de Liverpool y porque, poco a poco, empieza a crecer el número de fans, decenas de chicas entusiastas que los siguen allá a donde van.

Pero volvamos a Alemania. Porque, mucho antes de entrar en los famosos Abbey Road de Londres para grabar, antes lo hicieron en Alemania, concretamente para un cantante de cierta sona en aquella época, un tal Tony Sheridan. Este músico, además de colaborar con los Beatles, lo hará, pasados los años, con AC/DC o Elvis. Sin embargo, si por algo va a ser conocido, es por esa primera grabación con los de Liverpool.

Él iba a grabar un disco y Polydor necesitaba músicos para acompañarle.

Los Beatles eran un grupo de música.

Todos estaban en Alemania (Tony iba mucho por el Top Ten).

Se hicieron amigos y llegaron a vivir con Tony, con el que aprendieron mucho sobre música porque, aunque eran más o menos de la misma edad, él ya llevaba mucho tiempo

---

5   Hill, Tim y Clayton, Marie: *The Beatles. Los archivos inéditos*, Océano, Barcelona, 2002, pág. 11.

por los escenarios. Ringo, antes de entrar en los Beatles, llegó a ser su batería en alguna que otra ocasión.

Del disco que grabaron con Tony Sheridan poco hay que destacar. Si acaso, que en la grabación se incluyó el único tema que firmaron Harrison y Lennon, y que lleva por título «Cry For a Shadow». Se trata de una pieza instrumental, vigorosa, pero que no destaca precisamente por su genialidad. Los punteos de George nos suenan familiares. Y los alaridos de Paul, también. La canción, sobre todo los punteos, tiene un aire a The Shadows, grupo que en aquel momento era el favorito de la juventud británica. Por cierto, en ese tema, Pete Best deja claro que es un muy buen batería.

Las canciones más interesantes son dos clásicos, sobre todo el «My Bonnie», pero también «The Saints (When the Saints Go Marching In)». Canciones que se han grabado mil veces, por cierto, antes que Tony Sheridan y los casibeatles de aquel momento.

Todas las canciones fueron grabadas en el Friedrich Ebert Halle de Hamburgo los días 22 y 23 junio de 1961. El trabajo de nuestros chicos aparece acreditado por The Beat Brothers. No eran hermanos. Pero en aquel entonces, ese era uno de los nombres que usaban (o los Silver Beatles, o Johnny y los Moondogs, o, incluso —pero sólo entre ellos— los Para Noia).

El disco no despierta el más mínimo interés y no llegó a entrar en las listas británicas; sin embargo, tiene su importancia en la historia del rock, eso es indudable.

Esta grabación, claro, va a ser recuperada por Polydor en cuanto estalla la Beatlemanía. Concretamente, en 1963, hacia la mitad del año, con ellos ya reinando con éxitos como «From Me To You» o el álbum «Please, Please Me», la discográfica decide lanzar el disco al mercado como si fuera en realidad un disco de los Beatles y no de Tony Sheridan. Por supuesto, a Sheridan se le nombra en la portada… pero en pequeñito. En grande salen los Beatles. Eso, por supuesto, provocó dos cosas: grandes ventas y una cierta confusión. Porque los Beatles ahí eran un grupo acompañante (aunque con esa «Cry For A Shadow» que ya citamos, de Lennon-Harrison). No es, pues, un disco del catálogo oficial beatle, pero sí algo que a los coleccionistas nos encanta tener en las manos.

A los Beatles, ya convertidos en un fenómeno mundial, les quedaba una última etapa alemana. Triunfando en todo el mundo (incluso en la cateta España franquista donde nadie entendía nada de las letras en inglés; los discos se vendían aquí con la traducción literal al español. Así leemos, yo los tengo en casa, «Un billete compró» por «Ticket To Ride» y burradas por el estilo). Sin embargo, el sello filial en la RFA (la Alemania Occidental, en aquel entonces había dos Alemanias) de EMI, la casa de discos de los Beatles, decidió que jamás triunfarían allí si no cantaban en alemán. La propuesta, vista desde la distancia que da el tiempo, parece disparatada. Pero en aquel entonces sucedían esa clase de cosas. Grandes grupos cantaban «en chapurreado» en otros idiomas para hacerse entender y así triunfar en esos lugares. En España era un clásico en los 60 y 70 que las grandes figuras sacasen sus discos sencillos aquí con un aparatoso lema en portada que siempre decía algo así como CANTA EN ESPAÑOL. Pues a los Beatles, a pesar de que protestaron, patalearon y amenazaron con negarse, también les tocó pasar por el aro, en este caso con el idioma alemán. Fue, como siempre, su mánager, Brian Epstein, quien los convenció-obligó. A pesar de su fama de rebeldes, en el fondo, eran buenos chicos obedientes a todo, o casi, lo que les decía

Brian. Les mandó ponerse corbata. Protestaron. Lo hicieron, Les mandó saludar al unísono después de cada canción. Prostestaron. Lo hicieron. Así con todo. Protestaban. Lo hacían. Les mandó cantar en alemán. Protestaron. Tenían sus motivos. Ya estaban triunfando en todas partes. Pero lo hicieron. Cuando en 1965 les dan la condecoración como Miembros de la Orden del Imperio Británico, en principio se niegan a aceptarla porque sería aceptar que ya están dentro del sistema, a la porra su actitud rebelde y contestataria. Pero la aceptaron, claro que sí. Lo aceptaban todo.

En otro capítulo hablaremos de Brian Epstein. Merece un apartado, y bien largo, para él solo.

Por aquel entonces, los Beatles hicieron su cálculo: tenían que renunciar a la imagen de *teddy boys* que les gustaba (chupas de cuero, tupés a lo Elvis) y vestirse como Brian les pedía. Lo dicho, hicieron el cálculo y llegaron a la conclusión de que, si ese era el precio a pagar por el éxito, como Epstein les día, pasarían por el aro.

En su «Anthology», George lo dice de esta manera cínica:

«Para llegar al Paladium (un gran teatro londinense reservado sólo para los realmente grandes) y a todos esos sitios tuvimos que llevar traje y jugar a su juego, pero la mayor parte del tiempo estábamos pensando: ja, ja, ya veréis[6]».

Grabaron unas cuantas canciones en alemán que, ahora, se pueden escuchar en discos de rarezas de los Beatles y en el que oficialmente se publicó bajo el título de «Past Masters».

La sesión fue un 29 de enero de 1964. Para acabar de

---

6   The Beatles: *Anthology*, Ediciones B, Barcelona, 2000, pág 103.

complicar la cosa, la grabación se hizo en París pues allí estaban actuando en el mítico Olimpia (frío el primer día, casi ni les aplaudieron, luego, poco a poco, fueron ganándose a los estirados francesitos existencialistas que dudaban de esos rockeros melenudos). Entraron aquel día en los estudios Pathé Marconi de París. Sólo esa vez grabaron (además del episodio alemán que ya hemos contado, pero, en fin, eran The Beat Brothers y por lo tanto no cuenta) fuera del Reino Unido. Las canciones elegidas fueron «She Loves You», y «I Want A Hold Your Hand». Algo de alemán ya controlaban después de tantos años tocando allí. Por si acaso, la casa de discos les puso un traductor para ayudarles con la fonética y que no sonasen demasiado raros.

El resultado final es «Sie Liebt Dich», y «Komm, Gib Mir Deine Hand». Por fortuna, no grabaron ninguna más, y decimos «por fortuna» porque los Beatles en alemán suenan, a pesar del traductor, raros. Como de plástico grueso, por decirlo con una imagen que no sé muy bien qué significa, pero que todos cuantos hayan escuchado esas dos canciones entenderán a lo que me refiero.

Pese a todo esto, los discos en alemán se publicarán en Alemania e incluso, en abril del 64, ¡en los mismos Estados Unidos!

Así de loco era todo en aquella época.

CUANDO LOS BEATLES FUERON UN DIBUJO ANIMADO

Si decimos «Beatles» y «Dibujo animado» pensamos rápidamente en «Yellow Submarine», la película, animada, en la que los cuatro Beatles van a Pepperland a salvarla de los Blue Meanies malísimos que han dejado el universo sin música porque son eso, malos, y odian la música. Ahí están dibujados (y doblados, no se usaron sus propias voces) John, con su mostacho hacia abajo, George, melena al viento y en vaqueros envuelto siempre en música hindú, Paul, con su pantalón como un arco iris, y Ringo, tocando todos los botones que está prohibido tocar.

Sin embargo, lo que casi nadie sabe es que hay una serie animada titulada, precisamente, «The Beatles» y que fue emitida entre los años 1965 y 1967 en la poderosa cadena ABC de los Estados Unidos. Treinta y nueve episodios que los niños y niñas de la época podían ver las mañanas de los sábados mientras esperaban a que mamá terminase de hacer el pavo que después papá trincharía después de bendecir la mesa.

Cada episodio se titulaba como una de las canciones de los Beatles. La «trama», por decirlo generosamente, se creaba a partir de ese título y en todas ellas había un momento en el que los Beatles la cantaban. Todo muy *happy flower*. Todo muy Años 60. Todo muy psicodélico. En aquel entonces los Beatles experimentaban con las drogas, es cierto. Pero los que parecen fumados en cada capítulo son los guionistas…

Los creadores de la serie no se esmeraron mucho en la producción. En aquella época, todo lo que tuviese que ver con los Beatles era venta segura, ya fuesen series de dibujos animados, pelucas con peinado beatle, bajos con forma de violín (la marca Hoffner le debe muchísimo a Paul) o cualquier otra cosa. Así que es de suponer que, en el fondo, todo el mundo andaba muy relajado porque si algo llevaba la palabra «Beatle» asociado, ya se vendía. Beatles dejó de ser un substantivo a ser un adjetivo. O algo así. Tan relajados estaba todo que, en algunos episodios de la serie animada, podemos ver a McCartney tocando el bajo (lo cual es correcto) con la mano derecha (lo cual es una burrada).

Si para el «Yellow Submarine» (la película) los Beatles no quisieron saber nada (sólo al final se animaron a hacer un brevísimo cameo al ver lo chulo que estaba quedando todo), de esta producción, mucho menos. Probablemente ni la habrán visto.

En la serie John aparece como el líder indiscutible de la banda. Seguro que eso le gustaba a Lennon, tan amigo de recordar siempre que los Beatles eran «su» banda (y de alguna forma, así era. Si escuchamos con atención los LP de los Beatles de la primera época, los temas de John ganan por goleada; después, tras la muerte de Brian, la psicodelia, los experimentos de todo tipo, Paul se convierte en la figura dominante. Al final de todo, George será la gran sorpresa. Sobre esto volveremos en otro momento). En casi todos los capítulos el comportamiento de John tiene «un punto borde» hacia George y Ringo, algo coherente con el papel de «jefe» que los productores de la serie le otorgan. Eso sí, daría la vida por los otros tres.

Happy Flower.

Todo muy Años 60.

Paul es el lugarteniente de John, su mano derecha a pesar de ser zurdo. El segundo de a bordo. El sobrecargo. También es algo borde con George y Ringo. Por alguna razón consciente o inconsciente, los productores de la serie animada entendían bastante bien cuál era el juego de jerarquías que había dentro de la banda. Probablemente en aquel momento todo el mundo lo percibía así. Incluso sucede hoy. John y Paul son los Grandes Genios. George y Ringo, poco más que destellosos músicos acompañantes. Sabemos de sobra que no es así. No vale la pena ni argumentarlo, aunque hablaremos, como anunciamos, largo y tendido de George. También de Ringo. Porque no eran dos medianías. En absoluto. Son dos grandes músicos sin los que los Beatles no hubieran sido tan grandes.

El George de los dibujos nada tiene que ver con el George real. Un personaje plano que parece que pasaba por allí, sin personalidad propia.

Quizás el mejor diseñado sea Ringo. Esa nariz…

En definitiva, la serie es mala y disparatada, un producto de la época, *merchandising*, paso por caja, a facturar, estos chicos nos harán de oro.

Así pues, entre las «aventuras» de los Beatles nos encontramos capítulos en los que John es secuestrado por un científico loco que quiere su cerebro, otro en el que viajan a África escapando de sus fans, otro en el que se meten en Notre Dame y se reúnen con Quasimoto (así, como suena), otro en el que Ringo tiene un burro que cuando escucha música a todo volumen corre como un caballo, otro en el que los Beatles, cómo no, ¡estamos en los 60!, viajan al espacio… *Happy Flower.*

Todo muy Años 60.
Un disparate.

TODA BUENA ORQUESTA NECESITA
UN BUEN DIRECTOR (EL 5º BEATLE)

En todos los libros sobre los Beatles se hace referencia a George Martin. Y casi siempre se despacha su contribución señalando que fue el Productor del grupo, el ingeniero de sonido, el responsable, en último término, de que las cosas sonasen bien.

¿Era George Martin todo eso? Lo era. ¿Pero sólo fue eso? No. George Martin fue mucho más que eso.

Digámoslo con claridad: si los Beatles no hubieran dado con George Martin, no habrían sido lo que fueron, no habrían triunfado, no existirían sus canciones. Queremos decir: tan importante como John, Paul, George o Ringo es Martin. Debe ser puesto en un plano de igualdad. Él no estaba en los escenarios, es cierto. Él no estaba por ahí de gira, es cierto. Pero él, de alguna manera, está. Sí que está. Está todo el tiempo.

Es arriesgado afirmar esto. O no. Vamos a intentar explicarlo.

George Martin va a ser El Productor Musical por excelencia desde el momento en el que empieza a trabajar con ellos. Hasta ese encuentro, los productores son básicamente «técnicos». Gente que sabe bien cómo se graban discos y que se preocupan, fundamentalmente, de que las canciones suenen bien, depuradas, limpias, sin grandes distorsiones. Los productores, y más en un entorno fuertemente formal como era la EMI de aquel momento, dirigen un grupo de señores con bata (los Beatles se referían así a ellos, con mofa: «los señores de bata») que cortan cintas, ponen micrófonos, separan la batería un poquito más y le dicen a los músicos dónde deben sentarse correctamente para que todo suene como tiene que sonar y pueda ser registrado.

Sin embargo, George Martin no va a ser nada de eso aunque tenga que ocuparse de todo eso. Martin va a ser a veces un músico más. Son muchas las canciones de los Beatles en las que él toca algún instrumento, va a ser el responsable de muchas de las orquestaciones que, sobre todo en la segunda etapa del grupo, cuando dejan las giras, se van a incluir en sus discos, va a ser quien escriba las partituras de lo que los Beatles tienen en la cabeza para que músicos profesionales contratados para las distintas sesiones en las que se les requería pudiesen tocar.

Cuando Paul aparece un día en los estudios de Abbey Road para presentar a sus compañeros, y al propio Martin, «Yesterday», es este quien le dice que la canción debe ir acompañada por un cuarteto de cuerda y, por lo tanto, es él quien hace la orquestación de la misma. Hoy somos incapaces de concebir esa canción sin esa orquestación. Será Martin quien sea capaz de transcribir a un pentagrama el tarareo (los Beatles no saben escribir música, siguen sin saber hacerlo a día de hoy, y eso que Paul compuso una obra clásica como es el «Liverpool Oratorio». Siempre hay alguien que tiene que llevar lo que hay en sus cabecitas al pentagrama) del solo de Trompeta Piccolo que grabó un tal Dave Mason para «Penny Lane».

Porque a los Beatles la cabecita les funcionaba así. Llegaba Lennon y decía:

—George, quiero que la canción suene como si pudiésemos oler el serrín del suelo de una pista de circo.

Hala, eso es lo que John quiere. Y el trabajo de Martin era hacer que eso sonase exactamente así. La canción en cuestión era «For The Benefit Of Mr. Kyte», presente en el «Sgt. Pepper's», y sí, es como estar en el circo. Para ello tuvo que cortar muchas cintas de grabaciones de muchos instrumentos, pegarlas como cuadrasen, reproducirlas hacia atrás. Lo que fuese. Pero él lo conseguía.

Porque la cabeza, de los Beatles funcionaba, en efecto, así.

—Me gustaría que mi voz sonase como si fuese el Dalai Lama en la cima del Tibet.

La petición, de nuevo, era de Lennon. La canción se llama «Tomorrow Never Knows» y es, tal cual, un lama predicando desde lo alto de una montaña gigantesca.

George Martin escribió un libro muy importante para dejar claro cómo era trabajar con ellos. Con la humildad propia de un Grande, Martin le resta importancia a las acrobacias técnicas y creativas a las que fue sometido durante aquellos años de trabajo en común con el grupo más famoso e importante de todos los tiempos. Su título es bien representativo: *El verano del amor*[7]. Se refiere a 1967, o lo que es lo mismo, al año en el que los Beatles publican «Sgt Pepper's Lonely Hearts Club Band». No vamos a hablar ahora de este disco. Sólo lo citamos porque, si es la maravilla psicodélica y musical que es, si es para tanta gente el mejor LP de la historia, lo es, por supuesto, por la calidad de la música, por la genialidad de las composiciones, pero lo es, también, por el sonido que sale de los surcos del disco. Y eso es obra de Martin. De haber sido otra persona quien desde el inicio hubiera estado con ellos, ese disco, probablemente, nunca habría sido publicado, ni otros. Era demasiado raro. Era demasiado ambicioso. No es fácil tener la capacidad de que un día te entre por la puerta George Harrison con la idea de hacer una especie de sonata hindú que huela a incienso y a tambores como «Within You, Without You». O que te digan que necesitan ruido de gente gritando para que parezca un concierto, como parece, el arranque del disco con el tema que le da nombre. En aquel momento, como antes en «Revolver» y ya ni te cuento en la cara B de «Abbey Road», los Beatles están desatados y, por absurda que parezca la idea, tiene que conseguirse. Y eso lo hace George Martin con naturalidad, solucionando problemas y noches de preocupación (tocaban habitualmente en el estudio durante la madrugada). Como con naturalidad le sugirió a Paul, con «Eleanor Rigby» ya casi terminada, meter un contrapunto en la última estrofa.

Martin podía hacer eso y lo que se les ocurriese, a ellos o a él mismo. A pesar de que en aquel entonces, las pistas de grabación que se podían usar eran solamente cuatro.

---

7   Martin, George: *El verano del amor*, Editorial Milenio, Zaragoza 1997.

Los grupos tenían que esforzarse en economizar recursos para grabar esas cuatro pistas de forma, digamos, eficiente. Para ese disco, para el Pepper, los Beatles pudieron trabajar con algo parecido a una mesa de ocho pistas... aunque en realidad eran dos mesas de cuatro pistas unidas por un intrincado lío de cables enroscados...

Martin, además de una enorme capacidad técnica, tenía el punto de creatividad, a pesar de la seriedad que siempre demostraba en el trabajo, que aquellas cuatro mentes inquietas necesitaban. No se limitó a ser un técnico, un buen director de producción, un eficiente artesano del sonido. Martin puso su impronta en el trabajo beatle permitiendo que explotase salvajemente la creatividad que ellos tenían, permitiéndoles que cualquier cosa que se les pasase por la cabeza pudiese hacerse (y ejecutándolo) que cualquier cosa que se les pasase por la cabeza pudiese hacerse. O más o menos.

Es famosa la anécdota. John había alucinado mucho con el sonido de uno de los bajos de Paul. Le dijo a Martin:

—George, quiero que mi voz suene exactamente así.

—Bueno, John, eso no va a poder ser.

—¿Por qué? —preguntó Lennon extrañado. Lo que él o los otros pedían, SIEMPRE se podía hacer.

—Porque tendríamos que enchufarte un cable directamente en la garganta.

El disco «Yellow Submarine» que se publicó con el pretexto de la película animada, toda la Cara B, es obra de Martin.

La orquestación brutal de «Carry That Weight» —12 violines, 4 violas, 4 violonchelos, 1 contrabajo, 4 trompas, 3 trompetas, 1 trombón bajo, 1 trombón— es de George Martin.

El piano de «Lovely Rita», casi de saloon de película de vaqueros, es de Martin.

Todo el juego de cuerda de la maravillosísima «Eleanor Rigby» es de Martin, ese *staccato* de los violines es de Martin.

Paul sólo le había dado una indicación:

—¿Has visto *Psicosis*, la de Hitchcock?

—Claro.

—¿La escena de la ducha?

—Si, esa de los «chun, chun, chun» en cada cuchillada.

—Esa misma.

Paul quería algo así. Que las cuerdas sonasen como las cuchilladas que Norman Bates le pega a la chica en la ducha.

Escuchad ahora «Eleanor Rigby» y vereis esos golpes de cuerda como cuchilladas.

La cabeza de los Beatles funcionaba así, y si ha habido una persona que entendía como funcionaba esa cabeza, ese era Martin.

Tanto es así que, cuando Lennon grabó su último trabajo, «Double Fantasy», publicado poco tiempo antes de su asesinato, John, al ser felicitado por Martin, respondió:

—Me hubiese encantado que lo produjeses tú, George.

El comentario no es baladí. John llevaba cinco años retirado de la música, centrado en la crianza de Sean, el hijo que tuvo con Yoko y, probablemente, intentando arreglar su cabeza. Lleno de inseguridades, quería volver con el mejor disco posible. Y lo es, «Double Fantasy» es un disco memorable, bien hecho. Pero quizás con la producción de Martin habría sido simplemente soberbio.

Sin duda, John tenía en la cabeza el maravilloso trabajo de ingeniería de sonido que hizo con «Strawberry Fields Forever». Si escucháis la canción con atención, vereis que en ningún otro tema suena John como en esa. Suena como más grave, ¿verdad? Eso es porque decidió ralentizar la cinta para que sonase exactamente así. Cuando escuchamos otras tomas que los Beatles fueron publicando a lo largo de los últimos años, la canción parece acelerada. Es por eso. Es por la magia de Martin. John no podría haberla cantado en directo así jamás. De hecho, en esa canción, Martin «pegó» dos tomas distintas, pues la primera parte a John le gustaba, pero le gustaba la segunda de otra toma. Cuando sentó a John ante la mesa de mezclas y le puso la canción completa, Martin le preguntó:

—¿Has notado el cambio?

Y no. No se notaba. No se nota.

Unos días después los Beatles grabarán una de las primeras canciones de Paul, «When I'm sixty-four». Una canción que ya tocaban en la época de The Cavern. Paul suena en esa canción algo más agudo de lo que en realidad tenía su voz. Lo que McCartney quería es que la voz sonase como cuando era un adolescente, un chiquillo de sólo 16 años. Lo que hizo George fue acelerar la cinta para que sonase un poquito más aguda de lo que la tenía Paul. Y de Martin fue la idea de meter un cuarteto de clarinetes ahí para que pareciese un tema, y bien que lo consigue, de las Big Bands de los años 20.

En el eterno debate sobre quién es el quinto beatle, no hay discusión posible. Ese es George Martin.

George Martin conoció a los Beatles de casualidad.

En la historia de los Beatles hay muchas casualidades.

El mánager de los de Liverpool, Brian Epstein, les había prometido que conseguirían grabar un disco. Habían tenido otros mánager antes, más o menos formales y, sobre todo, informales. Este usaba corbata. Este tenía una tienda de discos. Este era de fiar.

Para ello, para intentar cumplir su promesa, escribió a todas las discográficas de Londres solicitando una audición. Antes las cosas se hacían así: los grupos iban a las casas de discos donde unos señores muy serios de traje y corbata les escuchaban y, si les parecían buenos, les ofrecían un contrato. Ahora todo el mundo, con un micrófono bueno y un buen ordenador, se hace su disco y lo sube a la red. Hasta hay *apps* que te permiten tener un estudio completito de grabación en el móvil. Pero antes no. Antes, los directivos de las discográficas, o los mánager, «te descubrían» durante una actuación en un tugurio. Brian Epstein lo hizo así. Los fue a ver a The Cavern, quedó muy impresionado y se les ofreció como mánager.

Brian escribió a todos los grandes directivos de las grandes discográficas y los visitó a todos esperando conseguir esa prueba, pero todas le rechazaron, incluida las poderosas Phillips o Columbia. No es que no les gustase la audición. Es que ni siquiera quisieron escucharlos.

A Eptstein le estaba costando más de lo esperado conseguir esa audición. En aquel momento los grupos que interesaban eran los de Londres. Liverpool quedaba muy lejos. Lo logró con la Decca Studios, todo un dinosaurio clásico de la industria musical. Y, volviendo a lo de antes, porque convenció a Mike Smith a que los viera tocar en The Cavern. Eso fue el 13 de diciembre de 1961. Al parecer, quizás por los nervios de saber que estaba allí entre el público «un pez gordo», esa noche los Beatles estuvieron tirando a flojitos. Aún así, aquel señor accedió a organizar una sesión de grabación en los estudios de la Decca en Londres.

Los Beatles se desplazaron a la capital británica la víspera de año nuevo de 1961. Viajaron toda la noche en medio de un temporal de nieve. Los que hayan sufrido un temporal de esos en las islas británicas sabrán que la cosa es seria. En la furgoneta que tenían, allí iban los cuatro (John, Pete, Paul y George). Nada que no hubiesen hecho antes o dejarán de hacer durante un tiempo, hasta que llegue el éxito: todos apretaditos en la furgoneta dándose calor. Unos encima de otros. Brian había ido la noche anterior en tren.

El viaje en furgoneta, todos apiñados porque no tenía calefacción y así se daban calor unos a otros, fue algo habitual en los primeros años, antes del éxito y los viajes en avión y los hoteles llenos de fans histéricas. Fueron tiempos duros en los que muchas veces estaban desanimados. Cuando tal cosa sucedía, John gritaba:

—¿Adónde vamos, chicos?

Y el resto, al unísono contestaban:

—¡A la cima, Johnny! ¡A lo más alto de lo más alto!

Quizás por eso, el último concierto de los Beatles fue en una azotea.

Pero de eso ya hablaremos más adelante.

Para aquella prueba los llevó en furgoneta Neil Aspinall, quien sería el eterno «road manager» de los Beatles y, cuando el grupo dejó las giras, uno de los hombres importantes de Apple Records, la discográfica que, absurdamente, crearon los Beatles a finales de su carrera y que no les trajo más que problemas, ruina económica y que, sin duda, influyó en su separación.

En aquella prueba para la Decca los Beatles interpretaron un repertorio, digamos, *raro*. El que seleccionó los temas fue Brian Epstein. Y muy probablemente el rechazo tuvo mucho que ver con eso pues lo que los Beatles ofrecen en aquella audición es muy parecido a lo que cualquier grupo de la época más o menos solvente podía ofrecer.

Hay muchos libros que dicen que el rechazo de los Beatles por parte de la Decca fue uno de los mayores errores en la historia del mundo discográfico pues los dejaron escapar. Les pasaron los Beatles por delante y les dijeron que no. Que burros. Yo no lo creo. Yo los habría rechazado. Casi todo el mundo lo habría hecho en función de aquella audición que podemos calificar como «normalita». Los chicos tocan bien. Pero hay mil grupos que tocan bien. Tienen buenas voces y saben hacer armonías. Pero hay mil grupos que cuentan con buenas voces y saben hacer armonías.

Cuando se publicó el «Anthology» se publicaron, de paso, también, algunos de los cortes que grabaron para la Decca y que ya todos habíamos escuchado en grabaciones piratas a lo largo de los años. Digamos que esta fue la publicación «oficial». El gran beneficiado fue Pete Best, el primer batería de los Beatles antes que Ringo y que fue puesto de patitas en la calle por obra y gracia de George Martin que, cuando les ofreció su primer contrato, puso como condición que Best no tocaría en el disco, que si lo querían usar en los conciertos, que no era su problema, pero que en la grabación, que no. Y que si se empeñaban, pues no había contrato. Los otros tres, la verdad, no fueron nada elegantes. Eran muy colegas y tal. Qué bien lo habían pasado en Hamburgo y se querían mucho, sí, pero en cuanto las puertas del éxito parecía que se abrían un poquito, le pidieron a Epstein que se comiese el marrón de despedirlo. Era eso o no tener disco. Y aquellos chicos querían el disco.

Muchos años después, ya terminado el sueño beatle, todos reconocieron que quizás no habían estado a la altura de la caballerosidad que se espera de un señor inglés con Best.

Pero en fin, ahora esto no nos interesa tanto como el hecho de que a Pete Best la publicación de esas sesiones de Decca le sirvieron para demostrar que en absoluto era un mal batería. Yo, desde luego, no lo veo fuera de ritmo o perdido en los compases. Pero a Martin no le gustaba y Pete pasó a la cara B de la historia beatle. Ya nos ocuparemos en exclusiva de él más adelante.

La Decca no sólo los rechazó sino que además emitió un informe dirigido al señor Epstein en el que le decían algo así como que los grupos de guitarras eléctricas no tenían ninguna clase de futuro. Un visionario aquel directivo de Decca, ¿verdad? Se llamaba Mike Smith y está injustamente en la historia de la música por decir que no a los Beatles cuando debería estar porque fue el hombre que dijo sí a los Rolling Stones, eso sí, había sido George Harrison quien se los había recomendado... En esta segunda ocasión, no falló.

Lo que hizo Mike Smith le ocurrió a algunas personas más del mundo de la música cuando los Beatles comenzaban. Lejos de la unanimidad con la que su obra sería reconocida en los años siguientes, al principio de su carrera eran muchos los que veían en sus discos ruido, música prescindible y poco interesante.

Por ejemplo, el locutor de radio Brian Matthew que, como el resto de la prensa, recibió el single promocional de «She Loves You», canción que, a la postre, estaría seis semanas en el número uno de las listas británicas. En el momento en el que lo recibió y escuchó, enviado por EMI Parlophone, envió su reseña al prestigioso *Melody Maker* (una de las grandes revistas musicales de la época) para describirlo en su columna como «una basura banal». Cuando la canción se convirtió en el éxito indiscutible que fue, se reafirmó en su calificación de «canción banal» aunque entendía que a la gente le gustase...

Por su parte, el actor, dramaturgo y actor inglés Nöel Coward, escribió en su diario en 1965:

«El domingo por la noche fui a ver a los Beatles. Nunca los había visto en persona. El ruido era ensordecedor... Me quedé verdaderamente horrorizado y conmocionado con el público. Era como una orgía de masturbación masiva[8]».

En realidad, todo aquello, en el fondo, les resbalaba. En el «Anthology» se recogen unas declaraciones de John al respecto muy claras:

«En aquella época las críticas no tenían demasiada importancia porque conseguíamos publicarlo pasara lo que pasara. En cambio hoy en día (estas declaraciones son del año 67) soy un sensible de mierda y me preocupan todas las críticas. Pero entonces, éramos intocables. No recuerdo las críticas para nada. Éramos tan indiferentes que ni siquiera leíamos los recortes de prensa. No me molestaba en leer nada sobre nosotros. Era un aburrimiento»[9].

En aquella primera audición para la Decca, porque así lo quiso Epstein, que era quien realmente mandaba en el grupo, los Beatles interpretaron 15 canciones. En lo fundamental eran temas que tocaban en sus conciertos, o sea, temas de otra gente. Durante la hora en que los escucharon, sólo interpretaron tres temas firmados por Lennon y McCartney, concretamente «Like Dreamers Do», «Hello Little Girl» y «Love Of The Loved». El resto, temas de gente como Phil Spector, al que ya hemos citado en este libro y más que citaremos («To Know Her Is To Love Her»), de Chuck Berry («Memphis, Tennessee»), dos de Lieber/Stoller («Three Cool Cats» y «Searchin»)... y,

---

8   Citado por Hanif Kureishi en el libro *The Beatles: Get Back*, Libros Cúpula, Barcelona, 2021, pág. 17
9   En *Anthology*, pág. 253

atención, una de… Consuelo Velázquez, ni más ni menos que una pretendidamente humorística «Bésame Mucho», que, la verdad, sonroja con el «Cha-cha-pum!» con el que adornaban la canción.

Yo les habría rechazado, sí. No eran para nada espectaculares ni diferentes ni singulares ni nada. Eran un grupo más.

Por cierto. Una curiosidad: terminado el primer LP de los Beatles, «Please Please Me», Norman Smith, uno de los ingenieros de grabación de EMI, envió un paquete con la grabación, sin remite, a Dick Rone, el director artístico de la Decca.

La idea, perversa, era ver si conseguían engañar a Decca y ver si los rechazaban por segunda vez.

Él, por supuesto, nunca les contestó.

Decíamos que George Martin, que trabajaba en aquel momento para Parlophone, uno de los varios sellos de EMI, conoció a los Beatles por casualidad. Epstein había solicitado esa audición y el que debería haberle recibido, el responsable para esta clase de menesteres, ese día no estaba. Martin accedió a que se pasasen por allí y escucharlos. Pero no debería haber sido él. Fue causa de la Fortuna, una Conspiración Cósmica. En realidad, pura chiripa. De haber sido «auditados» por el otro, quizás la historia de los 60 y de la música popular se habría escrito de otra manera.

Por cierto, EMI estaba a punto de cerrar el sello Parlophone que Martin dirigía. Pero, después de la publicación de «Love Me Do», el primer single de los Beatles, y de todo lo que vendría detrás, Parlophone continuaría. De hecho, todavía lo hace.

Martin no tenía por qué escuchar a los Beatles porque él hacía grabaciones más clásicas… y humorísticas. De hecho, había producido varios discos de Peter Ustinov o de Peter Sellers, el famoso cómico británico, quien años más tarde, cosas de la vida, trabajará en el cine compartiendo protagonismo en una película con Ringo Starr titulada «The Magic Christian» (1969).

Él fue quien les escuchó en el mítico Estudio 2 de Abbey Road el 6 de junio de 1962. Vió algo en ellos (siempre lo explicó así: «vi algo en ellos, no sé el qué»). Y les puso un contrato delante de las narices. Grabaron el primer disco grande, su primer LP, «Please, Please Me», en 9 horas y 45 minutos. Con un productor así al lado, tutelándolos, bien se podía.

En su carrera, puede presumir sobre todo, de éxitos. Treinta singles producidos por él fueron número 1 en las listas del Reino Unido. Y en la prestigiosa Billboard estadounidense, colocó 23. Casi todos ellos, por cierto, de los Beatles. Tras la ruptura del cuarteto, trabajó con Wings, el nuevo proyecto de Paul, pero también con grupos como America o solistas como Sting o Shirley Bassey. Abrió su propio estudio en la Isla de Montserrat y los más grandes acudieron allí para aprovecharse de su talento. De su magia.

Es uno de los pocos productores que están incluidos en el Paseo del Salón de la Fama del Rock.

En definitiva, George Martin fue, para los Beatles, una especie de tutor. Cuando falleció en 2016, Paul McCartney dijo que había sido como un padre para ellos cuatro. En realidad, sólo les llevaba 14 o 15 años, pero era un adulto responsable cuando ellos eran unos aprendices de hombres saliendo de la adolescencia.

Se encargó de ellos, los cuidó, mimó, consintió caprichos

y sobre todo, los dirigió musicalmente de una manera maravillosa.

Quizás de una manera un poco seria de más, por lo menos es lo que se deduce de la confesión realizada en su día por Geoff Emerick, el ingeniero de grabación de EMI y mano derecha de Martin al que dedicaremos un capítulo más adelante:

«Las cosas eran sin duda más relajadas cuando George Martin no estaba. Con él, siempre había un cierto protocolo en la sesión; los de la sala de control pensábamos que teníamos que comportarnos, e incluso los Beatles parecían a veces intimidados por su presencia. Cuando no estaba, todos nos desmelenábamos y lo pasábamos bien. Había una dinámica diferente, y puede escucharse en esas dos canciones[10] que son mucho más relajadas, mucho más optimistas que nada que hubieran grabado desde hacía bastante tiempo[11]».

En cualquier caso, el propio Martin era más que consciente de lo que él significaba para aquellos cuatro. En una entrevista concedida a Marc Myers:

«Los Beatles y yo éramos como una única mente. Siempre queríamos probar algo nuevo. Los Beatles, en particular, se me acercaban constantemente para decirme: "¿Qué nos puedes dar? ¿Qué instrumentos piensas que podríamos utilizar? ¿Qué ideas de grabación puedes ofrecernos?" Su curiosidad nos empujó hacia un nuevo territorio. Acogían con entusiasmo las nuevas ideas. Eran

---

10   Se refiere a «All Together Now» y a «You Know My Name (look up the number)», dos alocadas canciones que se grabaron un día en el que Martin no estaba.

11   Emerick, Geoff: *El sonido de los Beatles. Memorias de su ingeniero de grabación*, Urano, Barcelona, pág. 219

gente muy muy curiosa. Querían ver más allá, donde los demás no podían llegar[12]».

A pesar de ese carácter serio, insistimos, no existe debate sobre quién es El Quinto Beatle. Ese era George Martin.

YESTERDAY, UNA CANCIÓN VERGONZOSA

Todos los estudios más o menos serios que se han hecho sobre el asunto, señalan que «Yesterday», la canción de Paul McCartney que apareció en el álbum «Help!» de 1965 es la canción más versionada de la historia. De hecho, el famoso Libro Guinness de los Récords, dice que ostenta ese título y que existen, grabadas, más de 1500 versiones diferentes (al año y medio de su aparición ya había registradas, por Northern Songs, la editora de las músicas de Lennon y McCartney, más de 446) y que ha sido interpretada en directo más de siete millones de veces. No tengo ni idea de cómo se hacen esta clase de cálculos, si es que hay un señor contándolas o algo así, pero me los creo perfectamente. La segunda, por cierto, es «Something», de George Harrison. La única, también, que salió como single como composición de George en toda la carrera de los Beatles. Por una vez John y Paul estaban de acuerdo en que la mejor canción del disco («Abbey Road») era de George. Se hicieron más de 150 versiones desde que fue publicada en 1969. Muy lejos, desde luego, de las cifras que maneja la canción de Paul.

Así pues, estamos ante una gran canción que todo el mundo conoce y ha cantado alguna vez. Y lo debe de

---

12   Recogido por Marcos Gendre en *The Beatles. Rubber Soul: kilómetro 0*, Quarentena Ediciones, Barcelona, 2015, pág. 118

ser porque en los momentos más chungos de la relación Lennon-McCartney, tras la separación, en aquellos días en los que se lanzaban pullitas en los medios y en los discos, llamándose de todo menos guapos (en aquella época John decía que toda la música de los Beatles era «mierda») Lennon reconocía que había pocas canciones tan buenas como «Yesterday». Y eso que Lennon estaba lanzado al trabajo de destruir todo el legado de los Beatles. En la entrevista en *Playboy* de 1980 se manifiesta así de radical:

«Cuando yo era un Beatle pensaba que éramos el mejor grupo pop o algo así. Pero me pones esas canciones hoy y quiero rehacer cada una de ellas. No existe una sola... Escuché *Lucy In The Sky With Diamonds* en la radio anoche. Es abismal, ¿sabes? La canción es simplemente terrible».

¿En serio, John?, ¿*LSD* es una canción terrible?

Sin duda, estaba resentido por lo que las canciones le recordaban. En la misma entrevista, dice sobre Los Beatles:

«Por placer nunca los escucharía. Cuando los escucho sólo pienso en la sesión, es como un actor viéndose a sí mismo en una película vieja. Cuando escucho una canción recuerdo el estudio de Abbey Road, la sesión, quién se peleó con quién, en dónde estaba sentado, moviendo el pandero en una esquina».

Volvamos a *Yesterday*... pero sigamos con Lennon. En la entrevista citada dice sobre ella:

«Siempre estoy orgulloso y complacido cuando la gente interpreta mis canciones. Me da gusto que lo intenten porque muchas de mis canciones no son fáciles. Voy a restaurantes y los grupos siempre tocan *Yesterday*. Hasta le firmé a un tipo un violín en España después de que tocó *Yesterday* para nosotros. No podía entender que yo no escribí la canción. Pero creo que no hubiera pedido ir de mesa en mesa tocando *I Am The Walrus*».

Así que sí, Lennon adora la canción y dice que es muy buena pero… no deja de decir que las suyas eran más complejas…

George Martin al principio, cuando Paul le muestra la canción, se mostró tan reticente como los otros cuatro. Era obvio que allí no se podía meter una batería, ni unas guitarras eléctricas o un bajo. De repente, una canción de los Beatles no podía ser interpretada por los propios Beatles, así que Martin sugirió que se lanzase como sencillo y bajo el solo nombre de Paul. El músico, sin embargo, se negó en redondo: «Hagamos lo que hagamos no dividiremos a los Beatles».

En aquel entonces era un grupo muy unido. Paul podía

haber cedido por una cuestión de ego, a la petición de su productor. Pero no, puso a los Beatles por delante.

Sobre la canción dice Paul que se le ocurrió un día en la casa de la que por aquel entonces era su novia, la actriz Jane Asher. En realidad no es que la compusiese. Él dice que la soñó. Que se despertó con ella en la cabeza.

Por allí había un piano y sacó una grabadora para registrarla y que no se le olvidase.

A lo largo de la historia, esto ha pasado muchas veces. Las Musas son así. Te visitan en el sueño y te dan una canción, una novela fascinante, una historia increíble, una idea para un cuadro. La mayoría de las veces se te olvida, fundamentalmente porque te das la vuelta y te echas a dormir después de pensar: mañana anotaré esta genialidad que se me acaba de ocurrir en sueños. Paul, prudente, decidió grabarla al instante. Todavía no tiene letra y, en vez de «Yesterday», lo que canta es «Scrambled eggs...» (huevos revueltos; muy poco poético comienzo para una gran canción, todo sea dicho).

Esto del sueño lo va a decir también unos años más tarde, concretamente en 1969, John Lennon sobre su canción «Sun King» incluida en el «Abbey Road». Preguntado por la génesis de la misma, dijo que la canción se le había ocurrido en un sueño.

Paul estaba convencido de que la había oído en algún sitio y que por eso había soñado con ella. Esas cosas pasan a veces, que uno «compone» una canción pensando que está obteniendo un material totalmente original y resulta que no es así. Recordemos el mal momento, por decirlo poéticamente, vivido por George Harrison cuando su famosísima «My Sweet Lord», canción-himno presente en su magistral triple álbum «All Things Must Pass», fue acusada de plagio por un grupo llamado The Chiffons quien, en 1963, habían publicado una canción llamada «He's So Fine» . Después de una batalla legal larguísima el asunto se resolvió 30 años más tarde. Pero antes, un 31 de agosto de 1976, Harrison tuvo que ver cómo se le declaraba culpable de «plagio inconsciente» (él recurrió y volvió a recurrir esa sentencia, por eso la cosa duró 30 años), o sea, que la melodía estaba ahí, en su cabeza, pero él no lo sabía. Ha sucedido muchas veces, no sólo a un beatle. Johnny Cash sufrió un par de veces esta clase de asuntos. Y aunque «Yesterday» fue compuesta mucho antes de que a Harrison le pasase lo que le pasó, Paul estaba convencido de que la canción era de otro, que estaba metida en su memoria sin que él fuese capaz de identificar a su autor. La bromita, por cierto, a Harrison le salió en 1,6 millones de dólares.

McCartney, convencido de que la melodía ya existía de antes, pasará varias semanas preguntándole a todo el mundo si la conoce. Se la toca a todo el que se encuentra, también a los otros beatles y a George Martin. Si a éste no le suena, entonces la cosa está clara. Y todos coinciden, Martin también, en que es una canción estupenda y que no la han oído antes. Así que Paul decidió que era suya.

Fue la primera vez que los Beatles grababan un tema sólo con un miembro tocando. Los otros tres no participaron. Y es mejor así. La canción es perfecta con ese cuarteto de cuerda. Asombra saber que Paul sólo hizo dos tomas aquel 14 de junio de 1965 para que quedase totalmente grabada. Como asombra saber que el mismo Paul grabó «Michelle», otra balada maestra, también en sólo dos tomas el 3 de noviembre de 1965 (esta canción de aires franceses ha sido interpretada por más de 700 artistas ya que seguimos dando cifras).

«Yesterday» se publicó y llegaron los premios, los reconocimientos, las miles de versiones…

Pero de alguna forma, los Beatles, el propio Paul incluso, la consideraban una canción «algo vergonzosa». No es que Paul no la adore (en directo la cantó con los Beatles, después en solitario, más tarde con los Wings, su otro grupo, después de nuevo en solitario… no hay dudas de que le gusta la canción). Lo que queremos decir es que cuando la canción se grabó, los otros tres beatles no tenían nada claro que la canción debía de ser publicada. No tenía nada que ver con lo que ellos hacían. Eran un grupo de rock and roll y esa no parecía una canción para un grupo de rock. Demasiados violines, violas, chelos…

De hecho, antes de grabarla, Paul se la ofrece a varios músicos. Era algo frecuente en la época y los músicos no tenían problema en que sus canciones las grabasen antes otras personas. George le ofreció «Something» a Joe Cocker antes de grabarla él. Cocker fue más lento y por eso salió antes en el disco de los Beatles.

En el caso de «Yesterday», el asunto es de traca porque McCartney se la ofrece a distintas personas y todo el mundo la rechaza por uno u otro motivo.

El primero en meter la pata fue el cantante de blues británico Chris Farlowe, un intérprete que no ha pasado a la historia así como con grandes letras, pero se permitió la genialidad de rechazar la canción de Paul porque en lo fundamental, no le gustaba (qué tío exquisito) y sobre todo porque, literal, le parecía «demasiado suave». En fin, es una balada, tiene que ser suave.

Rechazada la canción, Paul se la ofrece para que la grabe a Billy J. Kramer, uno de los grandes cantantes de Liverpool en la misma época que los Beatles. La va a rechazar porque, también literal: «no es lo que estoy buscando».

Como decimos, los Beatles no tenían nada claro que hubiese que publicarla porque técnicamente no era una canción de los Beatles. Discutieron, de buen rollo pero discutieron, durante mucho tiempo. Finalmente, la publicaron pero medio disimuladamente pues la alojaron en la Cara B (ahora con los CDs, música en streaming, etc., ya no recodamos que antes, a las Caras Bes iban las canciones raras, las peores, las menos comerciales...) del disco «Help!» de 1965. La situaron de penúltima, casi al final del disco y antes de la chisporreante (a Lennon le encantaba esta composición de Williams, pero es de las interpretaciones menos logradas de los Beatles), «Dizzy Miss Lizzy».

A ver si así nadie se daba cuenta...

A Paul le preocupaba especialmente lo que pensarían los otros grupos del momento. ¿Pensarán que somos unos blandengues?, parecía repetirse dentro de su cabeza. La cosa no deja de ser curiosa, ¿verdad? Un grupo en la cima del éxito mundial que puede permitirse, literalmente, hacer lo que quiera, grabar lo que le dé la gana, cantar lo que le salga de dentro. Eran ya dioses intocables. La élite musical. Pero, aún así, les preocupaba su reputación... entre los otros músicos. Les preocupaba que se cuestionase su pedigrí rockero. Sobre todo, porque en aquel entonces, cosas del marketing, la publicidad se encarga de decir que los Beatles son los chicos buenos y los Rolling los malos del mundillo musical. Esa canción ayudaba a magnificar esa idea de santitos de los cuatro chicos, algo melenudos, pero de buen fondo. El rock es rebelde. «Yesterday» era, en ese sentido, un problema.

Es un clásico esta clase de cosas. Porque a fin de cuentas, además de famosos, los Beatles se sentían, como cualquier artista, vigilados y juzgados por los otros músicos. Es así y no puede ser de otra forma. Quien te da o no los galones no es tanto el público como el respeto del resto de los compañeros de profesión. Y eso le pasa a los Beatles y a cualquiera.

Realmente, nadie dijo nada malo sobre aquella canción medio oculta en la Cara B de un LP y que tanto quisieron ocultar que ni siquiera la lanzaron como single (sí en los Estados Unidos el 13 de septiembre de 1965, con «Act Naturally» cantada por Ringo en la cara B: cuatro semanas seguidas en el número 1 de las listas). En aquel entonces, las que eran buenas canciones eran las que salían como single pues eran ventas (millonarias) aseguradas. Pero aunque sabían que «Yesterday» era magistral, no salió como disco sencillo en Inglaterra, en casa, donde estaban los demás colegas músicos. Por si acaso.

Esa canción «vergonzosa» es de lo mejorcito que los Beatles nos han regalado. Creo que, a estas alturas, ya lo saben y ya no les importa que alguien los considere menos «duros» por eso.

Finalmente, insistamos en que si la canción es así de grandiosa lo es, en primer lugar, por la melodía y la letra que salieron del corazón de Macca. Pero, también, por el envoltorio musical clásico que le dió Martin.

Mark Hertsgaard, experto en el trabajo de los Beatles y al que recurriremos de vez en cuando, lo resume a la perfección:

«La melodía de *Yesterday* es lo bastante bonita como para cantarla *a capella* y seguir encantando: en efecto, después de abandonar los Beatles, McCartney la ejecutó en vivo, acompañado sólo por una guitarra acústica, pero el añadido de un cuarteto de cuerdas durante el segundo verso le confiere una calidad casi celestial. Si este aspecto hubiera sido tratado de manera equivocada, la canción podría haber fallado. Pero el cuarteto toca con una discreción elegante y modélica; realza las bellezas naturales de la canción sin sucumbir a la ostentación o la sensiblería. La idea del cuarteto de cuerdas se originó en George Martin, que también es quien escribió la mayor parte de la partitura (...) El resultado, sencillamente, es una de las calladas obras maestras de la música popular del siglo XX[13]».

---

13   Hertsgaard, Mark: *Los Beatles. Un día en la vida,* Grijalbo, Barcelona, 1995, pág. 125.

BEATLEMANÍA: 8 AÑOS DE LOCURA

TODO CUENTO HERMOSO
ESCONDE ALGO TURBIO

Y ese algo turbio se llama Pete Best.

Los libros sobre los Beatles lo suelen despachar con un par de líneas. Fue el primer batería de los Beatles y lo echaron para poder grabar el primer disco. Fue la condición que puso George Martin. Ellos aceptaron y a Brian Epstein, su mánager, le tocó pasar el mal trago de despedirlo. Les gustaba, además, un tal Ringo Starr con el que ya habían coincidido en Hamburgo e incluso tocado alguna que otra vez cuando compartían escenario con la banda de Rory Storm, para quien Ringo tocaba. Sobre todo a John. Rememorando, en la entrevista de *Playboy* que ya hemos citado, dice:

«Ringo era una estrella por derecho propio en Liverpool antes de que lo conociéramos. Él era un baterista profesional que cantaba e interpretaba y tenía su momento y además estaba en unos de los grupos más importantes de Gran Bretaña, pero especialmente en Liverpool, todo esto antes de que tuviéramos un baterista. Así que el talento hubiera salido de alguna u otra manera».

Por su parte, George compuso una canción titulada «Hey Ringo», en 1970, en el año de la separación y que los Beatles no llegaron nunca a grabar que dice:

«Hey Ringo now I want you to know
That without you my guitar plays far too slow
And Ringo let me say this to you
I've heard no drummer who can play it quite like you
(…)
Hey Ringo there's one thing that I've not said
I'll play my guitar with you till I drop dead»

O sea:

«Oye Ringo, quiero que sepas
Que sin ti mi guitarra suena demasiado lenta
Y, Ringo, permíteme que te diga
No conozco a ningún baterista que pueda toca como tú
(…)
Oye, Ringo, hay una cosa que no te he dicho
Tocaré mi guitarra contigo hasta que caiga muerto».

La letra de esta canción deja pocas dudas sobre la ausencia de dudas (que manera más redundante de decirlo) acerca de la calidad de Ringo como batería. Y, por cierto, la canción estuvo desaparecida hasta que Olivia, la viuda de George, encontró el manuscrito y lo publicó en la edición extendida de 2021 del «I me mine», la autobiografía de George Harrison.

Mark Herstgaard, en su libro *Los Beatles. Un día en la vida*, escribe:

«Ringo Starr debe de ser una de las personas más afortunadas de la industria del espectáculo. Él mismo se maravillaba de la manera en la que el destino le había proporcionado un asiento de primera clase en el tren hacia la fama de los Beatles justo cuando abandonaba la estación. Sin embargo, Lennon sostenía que Ringo "hubiera salido a la superficie" aún sin los Beatles; tenía una cierta aptitud intangible. Además, dijo John: "Ringo era todo lo cálido, humilde, gracioso y amable que parecía... Era sencillamente el corazón de los Beatles"[14]».

Pete ha pasado a la historia como un mal batería, como un percusionista mediocre del que los otros tres se deshicieron en cuanto tuvieron ocasión sin miramientos de ninguna clase. Y decir eso es, como mínimo, mentir (ya lo hemos dicho antes: cuando se publicaron algunas de las grabaciones para la Decca en el «Anthology» de 1995, Pete Best tuvo, de alguna manera, su venganza pues a todo el mundo quedó claro que no lo hacía mal en absoluto).

Cuando los Beatles se convirtieron en el fenómeno que se convirtieron, los otros tres que habían compartido la primera aventura con él, sobre todo la alemana de

---

14   En el libro citado de Hertsgaard, pág. 133.

Hamburgo, se vieron obligados a «justificar» de alguna manera «artística» el porqué de aquella decisión. Han dicho, John, Paul y George, de todo. Desde lo más obvio, que no les gustaba como tocaba, hasta que era informal, que no aparecía por los ensayos, que llegaba tarde a los conciertos... Lo cierto es que pocas veces se le ha preguntado a Pete qué había pasado en realidad. Fue tanta la magnitud del fenómeno beatle que nadie se tomó la molestia de investigar de verdad qué había de lo de Best.

Debería haberse hecho.

Imaginémonos por un sólo momento lo durísimo que habrá sido para él vivir la historia que le tocó vivir. Estuvo con los Beatles hasta el momento en el que la nave despegó. Y no es que lo hubiesen despedido de un grupo cualquiera. No. Grupos hay millones. Lo despidieron de los Beatles. De-los-Beatles. ¿Qué se puede hacer después de algo así?, ¿cómo se vive con normalidad cuando algo así (te) sucede?

Si uno va a la página web de Pete Best ve que se define como «Músico y batería de los Beatles». Y lo es. El batería de los Beatles es Ringo Starr, sí, pero también lo es Pete Best. Hubo otros antes que Pete, claro, pero eran esporádicos, para una sesión concreta, para salir de un apuro. Chicos que tenían batería y tocaban por unos peniques con aquellos tres. O gratis. Por pasarlo bien o por las chicas. Pero como tal batería, estable, dentro de la formación, contratado junto con los otros tres, está Pete. Y lo está, además, en los años más duros. Cuando no tienen donde caerse muertos. Cuando hay que hacer horas y horas y kilómetros y kilómetros de furgoneta o de tren para tocar, como dice el blues de Miguel Ríos, en el quinto infierno.

Y cuando la gloria llama a la puerta... zas, a la calle.

A Pete le costó mucho volver a tener algo parecido a

una vida normal. En plena Beatlemanía un periodista descubrió, cuando los otros tenían mansiones con piscina, que se ganaba la vida encadenando trabajos bastante mal remunerados. Siempre tuvo grupos y siempre intentó ganarse la vida como tal, pero nunca pudo dejar atrás esa losa terrorífica de haber sido el batería despedido por malo. Y no lo era. No era nada malo. ¿Es Ringo mejor? Puede ser. Cuando tocas con los mejores eres mejor. Si juegas en el Barça de Messi o en el Madrid de Cristiano es más fácil que metas goles que si lo haces en el Celta de Vigo de mis amores. Hablaremos de Ringo más adelante y lo reivindicaremos como músico importante. Porque lo era, ya lo hemos dicho en páginas atrás.

Pete Best era un batería muy querido en Liverpool. De hecho, era el que más éxito tenía con las chicas. Si vemos las fotos del momento lo entendemos. Era un tío guapo, hay que reconocerlo (las malas lenguas dicen que los otros tres se aprovecharon de lo de George Martin para sacárselo de encima precisamente por eso, por pura —masculina— envidia). Tanto lo querían que, cuando fue Ringo el que entró por la puerta de The Cavern (18 de agosto de 1962; en la víspera había ocupado su puesto Pete), durante varias semanas las fans le abucheaban al grito de «Pete is the best», facilón juego de palabras con el significado de su apellido: «Best», el mejor. Lo que querían decir es que era mejor que Ringo. Eso es imposible de saber. Pero sería interesante fabular acerca de cuál habría sido la contribución de Pete a los Beatles triunfantes que la historia nos regaló.

Sobre el lío que se montó entre las fans de The Cavern al expulsar a Pete para cambiarlo por Ringo, una espectadora de lujo, que estaba allí, en primera fila, como fue Cynthia Powell, futura esposa de Lennon, lo recuerda muy bien:

«Durante el par de semanas siguientes, los chicos tuvieron que hacer frente a las furiosas seguidoras de Pete allá donde fueran. Su estilo taciturno había atraído una multitud de admiradoras y las chicas no podían entender por qué le habían echado. Fue noticia de primera plana en el *Mersey Beat* y los chicos fueron abucheados e insultados en varias ocasiones. Pero ellos siguieron adelante y, gradualmente, a medida que el público se acostumbraba al nuevo rostro, el alboroto concluyó[15]».

(En todo caso, no todo fueron desgracias para Ringo en The Cavern. Durante una actuación allí conoció a una chica llamada Maureen. Al terminar el concierto se ofreció a acompañarla a casa, a ella y a una amiga. En febrero de 1965 pasaría a ser su mujer).

Pete termina tocando con los otros tres, sobre todo, porque tiene batería. Ya lo hemos dicho antes. Este era un más que buen argumento para formar parte de un grupo precario en el que no hay percusión. Pero en realidad, Pete es importante porque su madre, Mona, también lo era.

Mona era una mamá entusiasta, enamorada del talento de su hijo, que va a abrir un club, Casbah Club, para que su hijo pueda tocar allí (ese local, por cierto, un lúgubre sótano, pero donde los Quarrymen actuarán por primera vez, será declarado en 2006 Patrimonio Histórico por el gobierno británico).

A Mona le interesa el panorama musical de Liverpool de finales de los 50. Era una mujer inquieta, moderna, y está a la última. A ella no le preocupa el aspecto *teddy boy* de su hijo como sí a Mimi, la tía de John, con quien él vivía. Los Quarrymen van a aparecer pronto por allí.

---

15   En el libro citado de Cynthia Lennon, pág. 92.

Tocarán en varias ocasiones desde su apertura (29 de agosto de 1959), con una formación en la que la batería es ocupada por Ken Brown, un chaval que les lleva una buena cantidad de años y que, en las fotos que se conservan, parece su padre. Pete toca con ellos muchas veces, cuando les cuadra, cuando no hay otro. Tiene una batería y además Mona es la dueña del local y los adora, así que dejar tocar al hijo de la jefa parece una buena estrategia. Para los Beatles, el Casbah Club va a ser importante por ese y por muchos otros motivos. Por ejemplo, el día que debutan allí, todavía bajo el nombre de The Quarrymen, van a conocer en el club a Neil Aspinall y a Mal Evans. El primero será una especie de asistente-para-todo a nivel organizativo. Llegará a dirigir Apple Corps cuando los Beatles ya desaparecen como grupo. Mal Evans, que tocará incluso algunas veces con ellos en el estudio (el sonido del yunque de «Maxwell Silver Hamer» por ejemplo es suyo, el órgano en «You Won't See Me», un saxo en «Hey Bulldog»…), será el *road manager* del grupo durante toda su carrera, conductor de la furgoneta, montador de los equipos o, como decía Lennon, el que te buscaba calcetines si lo necesitabas.

Un día le piden a Pete que se una permanentemente a ellos. Y lo hace y con valentía, un 12 de agosto de 1960. Decimos «con valentía» porque cuatro días después hay que salir pitando para Hamburgo. Deciden, de hecho, ese 16 de agosto llamarse finalmente «The Beatles». De hecho, la condición que los promotores les ponen para firmar el contrato en Hamburgo es que tengan un batería. Y ese batería es Pete quien, literalmente, les salva la vida al unirse a ellos porque sin él, no había contrato, no había Hamburgo, no había Leyenda.

No había nada.

Estuvo dos años siendo un beatle. No es cierto lo que a veces nos cuentan los periódicos: Pete Best, el beatle que no fue. Pues claro que fue. Dos años son muchos años. Sobre todo si son los dos años brutalmente intensos (acordémonos: Hamburgo) en el que los Fab Four encontraron su sonido. Incluso en su propia casa los Beatles firmaron el contrato que los unía con su mánager, Brian Epstein, el 24 de enero de 1962. Estuvo desde el principio. Quizás debería haber estado hasta el final...

Después del despido a Pete le esperan años dificilísimos. Ahora lo lleva razonablemente bien. De hecho, participa en convenciones beatle y da charlas sobre aquella época. Ha tocado en The Cavern alguna que otra vez con su banda recientemente. Pero antes, años de enfado, de rabia, muchísima, intento de suicidio, años de depresión... ¿Cuántas veces se habrá preguntado delante del espejo sobre cómo podría haber sido su vida si George Martin no toma la decisión que toma dejándolo fuera del grupo? ¿Cómo sobrevivir cuando abres el periódico y ves a los Beatles, vas al cine y ves a los Beatles, enciendes la radio y suenan los Beatles y los Beatles y los Beatles y los Beatles y tú estabas ahí y ya no estás?

Escuchémoslo en las propias palabras de Best recogidas por Hunter Davies (recogidas en 1968) en el libro que ya hemos citado:

«Cuando voy a un pub, la gente todavía se me acerca y pregunta: ¿No eres ese que tocaba con los Beatles? Y empiezan a agobiarme con lo mismo de siempre. Meten sus narices en mis asuntos y eso no me gusta, no le gustaría a nadie. Y me limito a callar.

»Nunca les he odiado, ni siquiera cuando ocurrió. Al

principio pensaba que habían sido unos traicioneros, actuando a mis espaldas, maquinando cómo deshacerse de mí sin decirme nunca a la cara lo que habían decidido. Pronto superé esa etapa. Supongo que entendí por qué habían actuado así. Lo que me dolió fue saber que llegarían a ser grandes. Lo vi claro. Todos lo vimos claro. En Liverpool reuníamos multitudes increíbles allá donde fuéramos. Sabía que me perdería toda esa diversión[16]».

Al año siguiente, el 10 de octubre de 1962, Pete debutaba en el Majestic Ballroom de Birkenhead con su nuevo grupo llamado Lee Curtis & The All Stars. El grupo, como otros en los que luego estuvo/fundó/tocó, no llegará a nada.

Resignado, el 1 de agosto de 1963 empezará a publicar en la revista Mersey Beat su versión de su historia con los Beatles. La misma revista en la que había escrito muchas veces John Lennon o Brian Epstein.

Pete se lo curró duramente en Alemania, grabó con Tony Sheridan con más que dignidad, lo hizo razonablemente bien en la prueba de la Decca, no le pareció mal en absoluto a Brian Epstein cuando decidió contratarlos.

Imaginémonos aquel día. Pete es llamado a la oficina de Nems Enterprises, en la parte de arriba de la tienda de electrodomésticos y discos que Epstein regenta y que pertenece a su familia. Se sienta ante él. Charlan sobre el tiempo inestable que siempre tiene Liverpool. Suena el teléfono. Es Paul McCartney, ansioso, nerviosísimo, que le pregunta a Brian si ya le ha dicho a Pete que se marcha del grupo. Brian le responde que ahora no puede hablar con él, que tiene a Pete sentado delante de él, que luego le llama.

Se lo dice.

---

16   En el libro citado de Davies, pág. 30.

—Te vas.

Pete ha reconocido en varias entrevistas que en aquel momento le invadió la rabia pero que, movido por el orgullo, se mantuvo impasible. En el colmo del disparate, porque lo hicieron realmente mal, el mánager le dice si por favor puede ir a tocar otras dos noches que tienen comprometidas. Pete lo manda a paseo.

A los pocos días, probablemente por culpa de la culpa, por decirlo así, redundando otra vez, Brian le propone hacer otro grupo. Lo vuelve a mandar a paseo. Lo intentará por su cuenta. Y sí, salen algunas cosas. Pero sobre todo lo que el gran público quiere ver es al batería despedido, al que tocaba mal, sin ritmo.

La vida de Pete empieza a precipitarse hacia un lugar feo.

En 1965, con los Beatles en ese Olimpo del que ya nunca se bajarían, Pete intenta suicidarse. La presión de los periodistas sobre él era brutal. Él nada tenía que decir. En fin, en realidad sí que tenía mucho que decir. Pero no quiso abrir la boca. El resentimiento es grande. Creo que todos lo podemos entender.

Al ver que no triunfaba en la música, la dejó por completo. Casado y con hijos se apartó del mundo. En 1988 montó de nuevo un grupo, decidido a explotar, en su provecho, su propia historia. Salió de gira por todo el mundo con su grupo, él, por supuesto, a la batería. Los que quedan vivos de los Quarrymen lo hacen, ¿por qué él no habría de hacerlo? Yo, desde luego, si puedo, iría a verlo y con admiración. Es el primer batería de los Beatles. No es un cualquiera.

En 1995, cuando se publicaron parte de aquellas grabaciones para la Decca que le permitieron decirle al mundo que no era tan mal batería, cobró, por fin, derechos de autor de los Beatles. Le tocaron 6 millones de dólares así, de una tacada. Cada año, desde entonces, le cae un pico por el estilo.

Es multimillonario.

Bien que lo merece.

SER UN BEATLE NO ES COOL

Todos los fanáticos de los Beatles hemos querido ser en algún momento un beatle. Yo, de hecho, todavía tengo esperanzas de serlo, todavía espero que un día Paul y Ringo me llamen para refundar la banda, con alguien más, claro, y salir de gira otra vez por el mundo adelante. Porque ser un beatle entendemos, desde niños, que tiene que ser algo muy grande, algo muy divertido y deseable. Sin embargo, parece ser que los Beatles de verdad no lo pasaban nada bien siendo Beatles, por lo menos John y George, los que más veces y con más fuerza se han quejado. El primero habló mucho, y mal, de su época en los Beatles. Sobre todo cuando estaban recién separados y sobre todo muy enfadado con Paul. Pero, en especial, ha sido George, de siempre, el que más se ha quejado de ser un beatle y, sobre todo, de lo que trae consigo serlo.

A nosotros nos cuesta asumirlo, pero había que estar allí dentro de esa locura para entenderlo. Harrison dijo siempre que los Beatles habían perdido su juventud para que otros la tuvieran, y que su sacrificio había sido grande. La frase exacta, según Derek Tylor, el eterno responsable de prensa de los Beatles, era:

«Cuando todos estaban creciendo, nosotros no hacíamos

más que payasear y ser estrellas de rock and roll[17]». En el «I Me Mine» de Harrison, que ya hemos citado varias veces, y al que regresaremos otras cuantas más, lo explica muy bien:

«En todos los sitios en los que los Beatles vivieron durante los años sesenta, en todos los sitios donde vivían sus padres, donde fuera que estuvieran sus oficinas o que sus empleados tuvieran sus oficinas, donde fuera que hicieran películas o discos, donde fuera que pasaran su tiempo libre o donde se rumoreaba que lo estaban pasando, sus fans los rodeaban, los vigilaban y los acompañaban las venticuatro horas del día. Consistían, en su mayoría, pero no todos, en gente joven; los incondicionales eran aquellos que compraban sus discos, pero también había un montón de lunáticos entre ellos, que asistían a los conciertos, que gritaban multiplicados por diez mil en los aeropuertos. Con el correr de los años, su número disminuyó, como era inevitable, pero el núcleo central siguió presente hasta bien entrados los setenta, formado por chicas que se apostaban delante de las oficinas de Apple o de los estudios de EMI, y que se volvieron conocidas (con un nombre que ellas mismas se habían dado) como "las desaliñadas de Apple". Todos les teníamos mucho cariño y George les compuso una canción y la incluyó en un álbum.

Pero durante el apogeo, durante aquellos días locos, la presencia de fans, aglomerándose y zumbando en grandes cantidades, hacía imposible llevar una vida normal. Como dijo George, en 1965 ser famoso ya no era una novedad. Él jamás volvería a disfrutar de la fama de la misma manera[18]».

Ser un beatle, pues, resultaba agotador.

---

17   Harrison, George: *I, me, mine*, Libros del Kultrum, Madrid, 2021, pág.15
18   En el libro citado de Harrison, pág.36

Geoff Emerick, el ingeniero de grabación que tantas horas pasó con ellos, escribió en su obra titulada *El sonido de los Beatles. Memorias de su ingeniero de grabación*, sobre esto:

«A menudo, George parecía preocupado, tal vez pensaba en ser algo más que el guitarra solista de los Beatles. Quizás en cierto modo dejó de querer estar en el grupo, y ciertamente parecía sentirse atrapado por la fama. Normalmente no participaba en las payasadas que tenían lugar entre toma y toma, mayoritariamente con John y Paul de protagonistas, a veces con la colaboración de Ringo. George era un solitario, un intruso, a su manera[19]».

Lennon, en *Playboy* lo expresó así al responder a la insistente pregunta del periodista sobre por qué no se juntan de nuevo los Beatles (llega a decirle incluso, en el

---

19   En el libro citado de Emerick, pág. 119

colmo de la manipulación, que deberían hacerlo por una causa benéfica). Dice John:

«¿Por qué deberían dar más The Beatles? ¿No lo dieron todo en 10 años? ¿No se dieron a sí mismos?».

Esa última pregunta es la realmente importante. John está coincidiendo con George en esa idea de que los Beatles perdieron más de lo que ganaron durante aquellos años locos. Dinero, a montones, sí. Fama, por toneladas, sí. Pero se perdieron a sí mismos. Su juventud entera.

Todo eso, claro, tenía que verse reflejado en su música. Digamos que es la parte buena de tanta miseria. «Help!» es un descarado ejemplo. Dice John para Playboy:

«El asunto de The Beatles se había ido más allá de la comprensión. Fumábamos marihuana en lugar de desayunar, Estábamos muy metidos en la marihuana y nadie se podía comunicar con nosotros porque teníamos los ojos vidriosos y nos reíamos todo el tiempo. En nuestro propio mundo».

En ese mundo propio, hermético, pero también irreal, los Beatles se tienen que refugiar para sobrevivir a tanta presión…

George lo expresa muy bien en su libro «I Me Mine»:

«Tenía más cosas positivas que destructivas ser un beatle, pero era horrible estar en primera plana de la vida de todo el mundo cada día. Qué intromisión en nuestras propias vidas[20]».

Y Lennon, en el «Anthology», de una forma brutal:

«En todos los lugares que visitábamos la gente se tiraba sobre nosotros con sus flashes. Lo encajas una vez, hasta tres, pero luego dices: "Vale ya, tío, ¿has terminado? No

---

20   En el libro citado de Harrison, pág 38

vamos a posar, hemos venido a tomarnos una copa, ya tienes todas las fotos que quieres", que es justamente lo que ocurrió en aquel club de Hollywood. Le dijimos "lárgate" y él se fue. Pero al poco rato apareció de nuevo. Nos sentíamos incómodos porque decían: "¿Qué se habrán creído? ¿Cómo se atreven a decirle a alguien que se largue?" Así que el gerente del local se acerca y pregunta: "¿Les está molestando ese fotógrafo?" Y nosotros respondemos: "Sí, ¿quiere decirle que deje la cámara, que se siente con nosotros, que haga lo que quiera menos seguir disparando su flash en nuestras narices?"»

Y así todos los días a todas las horas...

Y no sólo ellos.

Patty Boyd, la primera esposa de Harrison (y después de Eric Clapton) a quien George conoció durante el rodaje de la película «A Hard Day's Night» fue atacada violentamente por un grupo alocado de fans en Londres en 1964. Era extremadamente bella y destacaba realmente mucho. Salía en todos los periódicos con George y los celos, ya se sabe. Durante los conciertos de navidad del Hammersmith Odeon, le dieron de lo lindo, «castigándola» por ser la que les «había robado a George».

Un infierno.

La Beatlemanía, vista desde fuera, parece, sin más, un episodio de locura colectiva; sin embargo, estar allí dentro, en aquella jaula, de oro, pero jaula al fin y al cabo, no habrá sido nada fácil. Y no sólo por la presión de no poderse mover libremente por donde querían (había fans por todas partes) o por tener siempre una cámara cerca, sino también por la presión de los medios, en aquel entonces, atentos a cualquier cosa que cantasen pero también que contasen. El episodio, triste, que Lennon vivió cuando aquellas palabras («los Beatles son más famosos que Jesucristo») fueron sacadas de contexto y amplificadas en la siempre fanática e irracional sociedad de los Estados Unidos, y que conllevaron ya no sólo quema de discos, cancelación de conciertos, etc., sino además amenazas de muerte de grupos ultracristianos de todo tipo, incluyendo al Ku Klux Klan, dan buena medida de que no siempre todo era de color de rosa. En Filipinas, al negarse a acudir a una fiesta que daba Imelda Marcos, directamente, fueron casi linchados de camino al aeropuerto por la propia policía que tenía que protegerlos. Hubo muchas cosas feas. Muchísimas. El único que parecía disfrutar siendo un beatle era Paul, quien reconoció en distintas ocasiones que, cuando los Beatles se separaron, entró en una especie de situación depresiva que le llevó a pasar varios meses en casa, en la cama, sin ni siquiera ducharse en semanas, porque no sabía qué hacer. Como George escribió en su autobiografía, siempre, incluso en los peores momentos, eran cuatro chavales que se querían y apoyaban y, si alguno estaba bajo de ánimo o en problemas, los otros tres salían al rescate. Pero también es cierto que, por lo menos para los otros tres, la ruptura de los Beatles fue, sobre todo, un alivio. Lennon dijo que acababa de marcharse de un circo de tres pistas. En la entrevista de *Playboy* dice: «No era libre. Estaba enjaulado». Sin embargo, el gran crítico con los Beatles y, sobre todo, con lo que implicaba ser un beatle, siempre fue George Harrison.

Centrémonos en él.

En plena Beatlemanía, antes de arrancar la gira del año 1964, cuando dos días antes de comenzar Ringo tuvo que ser hospitalizado (le dedicaremos a esto un capítulo más adelante, no a su enfermedad, sino a Jimmie Nicol, el batería que le sustituyó durante 13 días) y el entorno beatle entró en pánico (¡¡¡los Beatles eran tres!!!), Harrison fue claro con Brian Epstein: pues no vamos y ya está. Ni Lennon, que luego, como decimos, fue extremadamente crítico con aquellos años, ni por supuesto Paul, se atrevieron a pensar tal cosa. Aceptaron la idea de un sustituto enseguida. George no. ¿Por amor y fidelidad a Ringo? Probablemente, pero sobre todo porque en el fondo, el jovencito del cuarteto, 20 y muy pocos en este momento, en el fondo sabe que los Beatles no eran para tanto y que el mundo no se iba a parar, ni destruir, si los Beatles no salían de gira. Tuvieron que esmerarse, y mucho, los otros, Epstein y Martin incluidos, para que diese su brazo a torcer. También George sería quien, al final de 1965 y de la gira mundial, otra más, llena de éxitos y reconocimiento y adoración mundial, se dirigió a Epstein para decirle, «mira, ¿esto va a ser siempre así?». Fue él el primero que se dio cuenta de todas las cosas incómodas que implicaba estar en el grupo más famoso del mundo. George, el más inclinado a la vida espiritual y, por lo tanto, al recogimiento (consiguió arrastrar a los Beatles a la India a meditar) sin duda no lo pasaba nada bien en medio de toda aquella locura. Por eso, cuando en agosto de 1966 los Beatles dan su último concierto, es George quien anima a tomar esa decisión. Es él quien le dice a los demás, «yo ya no salgo más de gira. Para mí esto se acabó».

Hay frases lapidarias de George. Una de ellas, por ejemplo: «He tomado dos grandes decisiones a lo largo de mi vida. Una, unirme a los Beatles. La otra, separarme de ellos».

No hay mucho más que comentar, ¿verdad?

En su autobiografía, vuelta a publicar en 2021 en una edición extendida (y carísima), su viuda, Olivia, en un magnífico prólogo escribe:

«George estaba harto de los Yo, los Mí y los Míos de este mundo, incluyendo los suyos, y arrastraba ese hartazgo desde muy temprana edad[21]»

Quien se acerque al «I Me Mine» podrá leer todo esto que aquí contamos. Por cierto que, cuando salió el libro, Lennon fue de los que se enfadó mucho, y no desde luego por lo que dice del grupo y que, sin duda, John compartía. Lo que a Lennon le dolió cuando se publicó aquel libro es que a él... prácticamente ni se le citaba. Para John era muy difícil de entender que su nombre casi ni salía. Lo contó en la famosísima entrevista en *Playboy* en diciembre de 1980 y que ya hemos citado varias veces y que fue realizada por David Sheff durante tres semanas dos meses antes. Ninguno de los allí presentes, John, Yoko y David, podían imaginar que el fin de Lennon estaba tan cerca. De hecho, la segunda parte de la entrevista fue publicada en el primer número de 1981. Lennon había sido asesinado un mes antes.

Sobre lo del libro de George, se despacha así:

«El libro de George, *I, Me, Mine* me lastimó así que este mensaje va para él. Él sacó un libro de su vida en donde, por omisión, señala que mi influencia en su vida es absolutamente nula. En su libro, que claramente está diseñado para mostrar sus influencias en cada canción que escribió, recuerda cada músico o guitarrista de poco valor que conoció en los años siguientes, pero yo no estoy en el libro».

Johnny, sí, estaba realmente molesto con George.

---

21   En el libro citado de Harrison, pág. 1.

La lectura de la autobiografía de Harrison (luego, para el «Anthology» suavizó mucho el tono: ya no hay rencor —dice—, ya no hay heridas abiertas») transmite una idea general de su paso por los Beatles como una especie de error de juventud. Paul por aquella época estaba igual: se negaba a tocar en directo las canciones de los Beatles. Harrison no siente nostalgia, no se emociona. Es frío y duro con aquellos días. Explica sobre la Beatlemanía que por nada del mundo volvería a vivir algo así:

«Parecía que todo era juegos y diversión, un buen revolcón. Todo era agradable en las películas, pero en la vida real nunca hubo ninguna duda. Los Beatles estaban condenados. Tu propio espacio, amigo. Es algo muy importante. Por eso estábamos condenados, porque no lo teníamos. Es como pasa con los monos en el zoológico. Se mueren. Sabes, todos necesitan que los dejen en paz[22]».

Ese malestar del que habla Harrison es algo que van a sentir los Beatles desde casi el comienzo de su fama. Quizás al principio era divertido, pero después era, sencillamente, insufrible.

Así lo recuerda George Martin:

«Los Beatles, cuando iban de gira, ya ni siquiera se oían tocar y cantar en los escenarios debido a los gritos del público. Algo que, quizás, era la peor parte de todo. Los Beatles eran músicos por encima de cualquier otra cosa. Este detalle es fácil de olvidar; su fama tiende a oscurecer este hecho, igual que la aparente facilidad y comodidad con la que escribían e interpretaban su música. Ellos mismos eran perfectamente conscientes de que una sucesión de rutinarios conciertos en

---

22   En el libro citado de Harrison, pág. 39.

ensordecedores condiciones estaba afectando a su calidad musical. Les estaba deprimiendo[23]».

Harrison (lo hablaremos más adelante) en la primera etapa del grupo se siente claramente inferior, como compositor, frente a John y Paul. De hecho, cuando en el segundo LP del grupo, «With the Beatles», se publica «Don't Bother Me» (algo así como «no me molesteis», parece que Georgie ya lo tenía claro), él mismo dice que seguro que no está a la altura de lo que están haciendo sus compinches.

Geoff Emerick, su ingeniero de grabación y, por lo tanto, privilegiado espectador de todo lo que estaba pasando, dice:

«Para ser justos, Harrison se enfrentaba a una batalla perdida de antemano ante el enorme talento de Lennon y McCartney. De entrada, era el miembro más joven del grupo y, por lo tanto, a menudo lo trataban como a un hermano pequeño. No le tomaban en serio. Por otra parte, no tenía un compañero con el que intercambiar ideas de composición. Siempre pensé que, muy al principio, Harrison se dio cuenta de que nunca iba a ser un Lennon o un McCarteny, lo que podría explicar por qué se interesó por la música india, que era su propia vía de escape, algo totalmente independiente de los demás[24]».

En «I Me Mine» señala:

«*Don't bother me*, la primera canción que compuse a modo de ejercicio para tratar de determinar si podía escribir una canción. La escribí en una casa de Bournermouth, Inglaterra, donde trabajamos como músicos residentes durante el verano de 1963. Yo estaba enfermo y en cama, de ahí que muy probablemente brotara "No me molestéis". No me parece particularmente buena; tal vez ni siquiera

---

23 En el libro citado de Martin, pág. 24.
24 En el libro citado de Emerick, pág. 119.

sea una canción propiamente dicha, pero al menos me hizo darme cuenta de que lo único que tenía que hacer era seguir componiendo y quizás algún día terminaría creando algo bueno[25]».

La gripe que sufrió le sirvió, por lo tanto, para centrarse en ese su primer trabajo como compositor. Estuvo en cama entre el 19 y el 24 de agosto de 1963. Bendito virus. Gracias, gracias, gracias por permitir que George se lanzase a componer.

(Algún día habrá que estudiar la relación entre el virus de la gripe y las canciones de los Beatles porque Paul también va a componer, sólo que muchos años antes, cuando tenía 16, esa balada magnífica titulada «I'll Follow The Sun» —la preferida de George Martin del álbum «Beatles For Sale»— durante un proceso gripal que metió al adolescente McCartney en cama... aunque bueno, Paul a los 16 ya era un compositor más que prolífico y ya había compuesto canciones como «When I'm Sixty-Four» a esa misma edad, en el piano de su padre).

Ese «algo bueno» que George aspiraba a hacer le va a llegar en cuanto dejan las giras, o sea, en cuanto George tiene tiempo para componer, para arriesgarse, para escribir lo que quiere, cuando por fin dejan los viajes locos por todos los escenarios del mundo, es capaz de hacer canciones como «While My Guitar Gently Weeps» o «Something» o «Here Comes The Sun». Él, al final de la carrera de los Beatles está en plena ebullición creativa. Es un volcán musical. Pero ni John ni Paul le prestan la más mínima atención. De hecho, se siente ninguneado. Trabajar con ellos es un continuo ejercicio de tensión. Él no se sentía un beatle desde mucho antes

---

25   En el libro citado de Harrison, pág. 80.

de que el grupo se rompa oficialmente. En «I Me Mine» se autodefine de una forma muy hermosa:

«En realidad, yo soy un tipo de lo más sencillo. No quiero estar todo el tiempo en el negocio porque soy un jardinero. Planto flores y veo cómo crecen. No voy a clubes y fiestas. Me quedo en casa y veo cómo fluye el río».

Esa falta de interés de los otros dos compositores por el trabajo de George Harrison lo señala muy gráficamente el otro George, en este caso, Martin, quien tampoco le hacía, y lo reconoce, demasiado caso al más joven de los Beatles:

«El problema con George es que nadie, ni John, ni Paul ni yo, nunca habíamos creído que poseyera dotes para componer al nivel de los otros (…) El otro problema es que no era colaborador (…) George era un solitario y me temo que nosotros tres no hicimos sino agravar la cosa. Hoy lo lamento[26]».

Antes de la ruptura del grupo, George hace un amago de marcharse, precisamente porque ya nada lo motiva, el 10 de enero de 1969. Los Beatles llevaban semanas trabajando en el proyecto titulado «Get Back» y ni siquiera ellos mismos saben muy bien qué es lo que están haciendo. Un día la cosa es un ensayo para un gran concierto con público. Otro día, un documental. Harto, desaparece durante un par de días.

El 29 de noviembre de 2001, con 58 años, muere George. Pero lo hace totalmente reconciliado con el grupo y con su historia. Leer el «Anthology» lo deja claro. Ver las imágenes de los tres, aquellos días de 1995, acabando «Free As A Bird» y «Real Love», de John, tocando juntos, riendo, y abrazándose, nos alivia.

---

26 Citado por Guesdon, Jean-Michel y Margotin, Philippe en *Todo sobre los Beatles. La historia de cada una de sus 211 canciones*, Blume, Barcelona, 2013, pág. 96.

Falleció, por cierto, en una de las casas de Paul McCartney. En una de las casas de aquel niño que un día había conocido en la parada del autobús que los llevaba, a los dos, al cole, en Liverpool, mientras soñaban con guitarras, con acordes y con el rock and roll.

O SÍ QUE ES COOL

Como acabamos de decir, ser un beatle no parecía nada interesante sino algo que estaba lleno de incomodidades, sobre todo por el comportamiento del público y de la prensa, cada año más hostil y más deseosa de relacionar a cualquiera de los cuatro con algún escándalo. Paul, que vivió durante mucho tiempo muy cerquita de los estudios de Abbey Road (por eso siempre era el primero en llegar) tenía continuamente fans subidas al muro de su jardín, y le robaban cosas. Ya hemos hablado de las agresiones sufridas por Pattie. Linda o Yoko también las sufrieron a manos de las fans.

Sin embargo, por lo menos en un primer momento, ser un beatle no estaba nada mal. Tener tantísimas fans, tantas chicas dispuestas-a-lo-que-fuera con tal de estar cerca de sus ídolos, era algo que les gustaba y que, como ahora veremos, incluso fomentaban.. A ver, pongámonos en contexto: cuatro chavales de veinte y poquísimos años, rodeados de chicas excitadas hasta la paranoia que, literalmente, se les meten en las habitaciones en cualquier lugar del mundo al que vayan. No suena mal, ¿verdad? Por lo menos al principio los Beatles se «aprovecharon» del fenómeno *groupie* que se da con casi cualquier grupo de rock and roll de un cierto éxito.

Luego, y como todo cansa, las cosas ya no eran tan divertidas. Pero sí al principio, y los Beatles lo tenían claro. Que las fans eran estupendas y que había que cuidarlas. Por eso, escriben ciertas canciones. Nunca disimularon que cuando hicieron «From Me To You» o «Thank You, Girl», eran canciones para las fans. Al decirles «gracias» o «de mí para ti» unas cuantas (miles, millones) de ellas se sentían directamente aludidas y encantadas. Eran canciones, según han confesado muchas veces, pensadas para provocar un poquito más de Beatlemanía. Como había poca…

En el LP «With The Beatles» deciden grabar «Please Mister Postman», una canción de The Marvels que a ellos encantaba, con el mismo propósito. Recibían a diario miles y miles de cartas. Sacas enteras para ellos o para cada uno de los cuatro que, por supuesto, no podían contestar. Al principio las leían y veían con simpatía y curiosidad. Luego, ya ni les llegaban. Alguien desde las oficinas las leía por si había algo de interés que fuese importante comentarles.

En todo caso, los Beatles se habían dado cuenta de que muchas de esas misivas venían con mensajes para el cartero del estilo: «Cartero, date prisa» o «Señor cartero, no pierdas esta carta». Conscientes de esa ansiedad por si el cartero perdía la cartas, decidieron grabar esa canción.

Desde el principio, los Beatles fueron conscientes de que había que cuidar de las fans. Por eso cada navidad grababan un disco con felicitaciones para el club de fans, numerosísimo. No fallaron ni un solo año. Ni siquiera al final. Y el club de fans, de alguna forma, terminó casi «profesionalizándose» para actuar como un soporte publicitario más de todo lo que tenía que ver con el grupo.

LA HISTORIA TURBIA DE PENNY LANE

«Penny Lane» es una de las canciones más luminosas de Paul. Nació, como tantas suyas o de John, por un asunto de competitividad. Porque estos dos, que tantas canciones firmaron juntos y que se ayudaban a acabarlas o las completaban, incluso al final, cuando ya los problemas eran serios, eran, al mismo tiempo, competidores natos. Amigos y colegas, se espiaban también con el rabillo del ojo para ver qué era lo que el otro estaba haciendo y, si un día uno de ellos aparecía con una estrambótica propuesta, todos podían tener la seguridad que en poco tiempo el otro llegaría con una más atrevida. Parte del éxito tiene que ver con esa competencia entre John y Paul. Parte de la explicación de los retos compositivos que iban logrando se explica desde esa batalla, pacífica pero continua, que los dos mantenían en silencio, pero con poco disimulo.

Penny Lane nace después de que McCartney se marche totalmente alucinado después de que Lennon les presente, a ellos y a Martin, «Strawberry fields forever». Strawberry

Field (sin *s*) es un jardín de Liverpool donde John y otros chicos de Liverpool jugaban de pequeños. La canción, ya se sabe, es impresionante. Paul se fue a casa maravillado y, probablemente, algo preocupado. John había compuesto algo realmente grandioso.

La respuesta no se hizo esperar y unos días después Paul entraba en el estudio con «Penny Lane». La idea es básicamente la misma pues es una calle de Liverpool.

Los dos lugares, hoy, están llenos de turistas haciendo fotos con el móvil. Junto con el paso de peatones de Abbey Road, probablemente son los dos lugares de la geografía beatle más frecuentados por las multitudes. Paul la visitaba de pequeño porque cantaba en el coro de la iglesia de St. Barnabas. Y en el cruce, que es donde se hace transbordo de una buena cantidad de autobuses de la ciudad, quedaban Paul, George y John para ir después juntos al centro.

Las dos canciones salieron como single juntas. Eran tan buenas que las dos eran Cara A. Fue una ocurrencia de George Martin quien, al mismo tiempo, siempre señaló que había sido un error estratégico por su parte pues debería haberlas reservado para el disco en el que en aquel entonces los Beatles estaban trabajando, el insuperable «Sgt. Pepper's Lonely Hearts Club Band», que, con esas dos canciones incluidas, habría sido una especie de catedral gótica musical todavía más deslumbrante. La presión de la discográfica era grande y había que sacar singles constantemente. El productor cedió a esas presiones y las publicó como disco sencillo con dos caras A y, por primera vez en mucho tiempo, los Beatles no fueron número uno. Fueron desbancados por un empalagoso, pero eficaz cantante melódico llamado Engelbert Humperdink con su «Please Release Me». Por cierto, la reacción de la prensa tras este «fracaso» fue furibunda contra ellos…

A las dos semanas, el single con las dos caras A se encaramó al segundo puesto de las listas británicas, bloqueado el disco por el que ya hemos citado de Humperdink. Los Beatles llevaban 11 números uno consecutivos, Algo nunca visto. Fue su primera metedura de pata. La más gorda de todas las que cometió el siempre prudente Martin.

Medio siglo después se volvió a publicar el «Sgt. Pepper», con otro de tomas falsas, primeras versiones, etc, en el que ya se incluyeron esas dos canciones, como debería haber sido. Antes lo habían hecho en el extrañísimo «Magical Mystery Tour».

Sin embargo, Penny Lane, la calle, no la canción, tiene una historia turbia que no se suele contar.

En la gran mayoría de las ciudades del mundo, digamos, civilizado, se han aprobado normativas para que el nombre de las calles nada tengan que ver con personas de, digamos, dudosa moralidad. Por eso en Alemania no hay «Avenida de Adolf Hitler» o en Italia, «Parque Mussolini». En

España, al aprobarse la Ley de Memoria Histórica en 2007 y posteriormente en 2021 la Ley de Memoria Democrática, se dictaminó que había que sacar del callejero todos aquellos nombres de personas que, por ejemplo, hubiesen tenido una relevancia significativa durante la etapa fascista del gobierno del dictador Franco.

En Inglaterra, el ayuntamiento intentó sacar del callejero el nombre de todas las personas que se hubiesen enriquecido a costa de la esclavitud. Desde luego, parece un más que buen motivo para suprimir sus nombres de las calles de una ciudad. Quien ocupe tan alto honor lo ha de merecer por sus buenas obras, genialidad artística o cualquier otro motivo que podamos defender, digamos, desde un punto moral. El señor James Penny fue un repugnante comercializador de esclavos, un individuo que se hizo rico comerciando con seres humanos que, obviamente, para él no eran dignos de ser considerados humanos. James Penny es responsable del sufrimiento de miles de personas y, por lo tanto, no merece que una calle lleve su nombre. Así lo entendieron los legisladores de la ciudad de Liverpool y, por lo tanto, anunciaron su intención de eliminar una serie de nombres del callejero urbano.

Pero claro, una de las calles era Penny Lane, la que cantan los Beatles. Sí, también la dedicada a un esclavista del siglo XVII que se enriqueció a costa de traer seres humanos desde África hasta América (en Liverpool hacían escala, como en Bristol).

Se montó un follón considerable cuando alguien descubrió que al aplicar la ley, Penny Lane tendría que desaparecer del callejero de la ciudad. En Liverpool la norma afectaría al nombre de siete calles. Pero solo por una de ellas la ciudad se puso en pie de guerra. Logicamente, los políticos dieron marcha atrás y Penny Lane se sigue llamando Penny Lane. Eso sí, ahora tiene una plaquita en la que se explica quién fue el susodicho. Pero sigue allí.

Penny Lane no se toca.

DETRÁS DE LA SONRISA DE ELVIS

El influjo de Elvis sobre los Beatles, y sobre toda la generación que era adolescente a finales de los 50 del siglo pasado es innegable. Los cuatro beatles iban a ver sus películas, compraban sus discos y querían ser Elvis. Sin Presley los Beatles no habrían sido exactamente como fueron. En realidad, nada habría sido sin Elvis.

La importancia de Presley, sobre todo en los inicios del grupo, es tanta que cuando son contratados, como los Quarrymen, para tocar por primera vez en The Cavern, están obligados a hacer una actuación de skiffle (el ritmo de moda del momento) pero, hacia la mitad del concierto, John, insubordinado y con poco sentido de la disciplina, se arranca con una canción de Elvis que a los demás no les queda más remedio que seguir. Acto seguido, les llega una nota al escenario: «Cortad ya con ese maldito rock and roll».

Por eso, cuando en la gira americana de 1965 se les comenta la posibilidad de ir a conocerlo, no lo dudan. Nerviosos, se preparan para la gran cita preocupados por lo que pensará El Rey sobre ellos. Y los nervios son lógicos y comprensibles. Elvis era El Mito. Ellos también lo eran pero quizás, dentro de la vorágine en la que vivían, no se daban cuenta de lo grandes que ya eran. Elvis sí que lo sabía.

Así que, en medio de una caravana de limusinas comandadas por gente de Elvis (como buen Rey tenía un séquito gigantesco de gente para servirle... o para aprovecharse de él) los Beatles acudieron la noche del 27 de agosto de 1965 a conocer a Elvis, sobre todo, como decimos, muy preocupados por si serían capaces de gustarle a Presley (unas horas antes, Paul y George habían visitado en el estudio de grabación a The Byrds, cuya manera de tocar la guitarra de doce cuerdas va a influir claramente en el trabajo sucesivo de Harrison).

En realidad, de lo que se tendrían que preocupar es de lo que Elvis estaba haciendo por detrás desde que fue consciente de que la Beatlemanía estaba arrasando con todo y por todas partes. Elvis había sido el primer fenómeno global de fans del mundo. Tenía muchas, muy histéricas y mucha gente dispuesta a comprar cualquier cosa que saliese de su factoría. Pero él sabía que lo de los Beatles era algo más grande que lo suyo. No se preocupó mucho por ellos al principio cuando no se había producido el desembarco en los Estados Unidos. Eran un fenómeno inglés, europeo, y nadie, excepto Epstein, pensaba que podrían triunfar en América. Mas, a partir de ese momento, Elvis comenzó a sentirse amenazado. Algo muy humano, por otra parte. El mundo artístico (no sólo la música, también el de la literatura) está lleno de egos pendientes de otros egos intentando ser los más guapos del corral. Elvis se sentía amenazado en su trono. Elvis tenía que hacer algo al respecto.

El problema es que llevó aquellos temores mucho más lejos y los consideraba una gran amenaza para la salud mental de la juventud americana. Por qué pensaba eso puede ser debido a que realmente lo pensaba (era un muchachito sureño, o sea, probablemente de derechas y conservador... no vais a encontrar por ahí grandes declaraciones del de Memphis contra la guerra o el racismo), o porque, como estamos diciendo, sabía que su reinado se había acabado por culpa de aquellos cuatro melenas gritones.

A finales de 2021, el famoso presentador de la BBC, Bob Harris, declaró en su *podcast* que Richard Nixon (presidente de los EE. UU. en los 70 y que puso a toda la maquinaria de la CIA a trabajar —teléfonos pinchados, entre otras muchas cosas— para conseguir «pruebas» para expulsar a Lennon, intenso activista contra la Guerra de Vietnam, del país) había pedido a Elvis que espiase a Lennon y que acumulase «pruebas» contra él. Que Elvis y Nixon (ultraconservador) tenían buenas relaciones es de todos conocido. Hay fotos de los dos en plan coleguitas. Y que siempre Elvis había visto con malos ojos a los Beatles, en especial a Lennon, también era sabido.

Así pues, la revelación del presentador tampoco nos pilló por sorpresa cuando se hizo pública. Entra dentro de la lógica.

Los Beatles conocieron a Elvis en su mansión de Perugia Way, en Beverly Hills. El grupo tenía unos días de descanso y una de las noches la dedicaron a Elvis. Según el famoso presentador:

«Fue odio a primera vista. Luego entablaron una rivalidad resentida. Para John fue un momento muy desilusionante porque amaba los discos de Elvis, así que... descubrir que era un fanático sureño de derechas fue un gran shock. Del mismo modo, Elvis veía a Lennon como un advenedizo de Liverpool que se había llevado su corona. Usurpó a Elvis y tenía un resentimiento de mil demonios».

Lennon, sin embargo, lo contó de otra forma:

«Fue un placer conocer a Elvis. ¡Era Elvis!, ¿sabes? Se le veía genial con pantalones negros, una camisa roja y un jubón negro ajustado. Nos saludó con su voz tranquila y nos condujo a una enorme sala circular. Nos acompañaron algunos miembros de su personal, así como el coronel Parker y Brian Epstein. Sé que Paul, George y Ringo se sentían tan nerviosos como yo. Este era el tipo al que todos habíamos idolatrado durante años, desde que estábamos empezando en Liverpool. Fue una leyenda en su propia vida, y nunca es fácil encontrarse con una leyenda en su propia vida. Sin embargo, Elvis intentó hacernos sentir como en casa».

El encuentro había sido organizado por un periodista, Chris Hutchins. Él había puesto en contacto a Brian Epstein y al tétrico, mafioso y controlador Coronel Parker, el que llevaba la vida de Elvis, literalmente su vida, mucho más que sólo los discos, para que se viesen unos y otro. Escribió un par de libros, el más famoso «Elvis Meet The Beatles» y, en colaboración con Peter A. Thompson, otro titulado «Elvis and Lennon», así que lo suponemos una fuente fiable.

De aquella noche dice:

«John molestó a Presley al dar a conocer sus sentimientos contra la guerra en el momento en que entró en el enorme salón y vio unas lámparas de mesa grabadas con el mensaje: "Hasta el final con LBJ". Lennon odiaba al presidente Lyndon B. Johnson por intensificar la guerra de Vietnam».

En cualquier caso, está también la declaración del galés con el vozarrón más imponente de la historia, Tom Jones, quien asegura que una vez, con Elvis, este dijo de Lennon que era «un hijo de puta» y «un antiamericano», por lo que había hecho todo lo posible porque lo expulsaran del país, y que estaba muy arrepentido de haberle abierto las puertas de su casa.

Según algunos testigos, Lennon «rompió el hielo» preguntándole a Elvis por qué después de todos aquellos discos potentes de rock and roll, ahora hacía baladitas suaves y películas malas de Hawái.

A ver, a cualquiera nos caería mal alguien que entra por nuestra puerta criticando nuestro trabajo y emitiendo consignas políticas. En aquel momento, «lo decente» por lo menos en el entorno de Elvis, era apoyar la guerra de Vietnam. Elvis estaba «a muerte» con el presidente. Los Beatles, que en la primera gira americana tenían prohibido, por Brian Epstein, un tío prudente, hablar de la guerra de Vietnam, en esta ocasión, antes de salir de Londres, se lo advirtieron a su mánager: vamos a hablar de la guerra, vamos a contestar a cualquier pregunta por complicada o polémica que sea. Los Beatles estaban ya cansados de aquella imagen de «niños buenos que nunca han roto un plato». Eran conscientes, sobre todo John, el que más conciencia política ha demostrado siempre, y también más compromiso (ahí está «Revolution» para quien tenga dudas) de que los años 60 eran un tiempo nuevo en el que muchas cosas estaban cambiando y que los Beatles tenían que estar en eso. Y estuvieron. Para disgusto de Brian. Pero siempre estuvieron.

En cualquier caso, aquella jornada fue, por lo menos, interesante. Los Beatles y Elvis, después de los saludos de rigor, no sabían muy bien qué decirse. De hecho, se quedaron todos callados durante unos segundos. Así que Elvis mandó traer unas guitarras e hicieron lo que probablemente sabían hacer mejor todos ellos. Improvisaron una sesión musical que, por desgracia, no ha quedado registrada. Como Tony Barrow, el responsable de prensa en aquel momento de los Beatles dijo:

«Los chicos descubrieron que podían mantener una conversación mucho mejor con sus guitarras de lo que podían con su palabra. La música era su punto de encuentro natural, su medio de comunicación más inteligente».

Con Elvis y Lennon muertos, no vamos a salir de dudas jamás sobre si había mútua admiración o, como se ha dicho, odio desde el minuto uno. Lo que sí podemos afirmar es que Elvis fue una de sus grandes influencias y que Lennon, a su manera, lo homenajeó en los primeros versos de su «(Just Like) Starting Over», cantando, como él mismo reconoció, «a lo Elvis Presley».

Porque Elvis, con sus rarezas, era mucho Elvis. Incluso para los Beatles.

EL MITO DE LA CAVERNA

Cualquier persona normal cuando escucha hablar de una caverna piensa en la era prehistórica, cuando nuestros antepasados se metían allí dentro para protegerse de las fieras que los podían devorar. Cualquier persona normal un poco culta quizás piense en el Mito de la Caverna, presente en el Libro VII de «La República» de Platón, y en el que se nos expone la teoría platónica sobre el mundo de las ideas y su copia, el mundo sensible.

Sin embargo, los que estamos enfermos de Beatlemanía, cuando escuchamos «caverna» pensamos en The Cavern, el mítico local de Liverpool donde los Beatles forjaron su leyenda.

Tocaron allí más de 300 veces, algunos días, en sesión doble, entre los años 1961 y 1963. Venían muy entrenados de Alemania de batirse el cobre entre borrachos y otras gentes exaltadas. De hecho, muchos pensaban que eran un grupo alemán. Al principio, había quien los anunciaba así:

—Directamente venidos desde Alemania... ¡The Beatles!

Habían debutado mucho antes, un 7 de agosto de 1957. Se llamaban todavía The Quarrymen y estaba en el grupo

Pete Shotton, aquel joven que le dijo a Paul si quería unirse a ellos, y quizás el amigo que John conservó durante más tiempo (aunque él siempre se ha quejado de que cuando John vivía en Nueva York y él quería quedar con Lennon, «Yoko no nos dejaba»; Pete la había definido anteriormente como «una tigresa dominante». Según Pete, Yoko quería cortar toda relación de John con el pasado, incluido el o los otros Beatles porque, según ella, John se transtornaba).

Ahora, una historia tierna: aquel debut, aquella fecha histórica, aquel día en el que los protoBeatles, los casi Beatles debutan en The Cavern, ese concierto, ese histórico concierto... Paul se lo perdió porque estaba de campamento con los Boys Scouts. La anécdota nos da un poco la medida de lo amateurs que eran y, sobre todo, de lo jovencísimos que eran. Porque Paul estaba en pantalón corto, de uniforme y aprendiendo a cazar conejos en el monte o lo que sea que hacen los Boy Scouts cuando se marchan de campamento…

Como tal The Beatles, ya convertidos en un grupo más o menos profesional, debutan en The Cavern el 9 de febrero de 1961. Tocarán allí de manera más o menos estable hasta la fecha de su último concierto, el 3 de agosto de 1963. En aquel momento ya son celebridades en toda Inglaterra, sus canciones suenan a todas horas en las radios y, literalmente, el espacio se les ha quedado pequeño. Nunca más tocarán en The Cavern porque era imposible hacerlo con semejante jauría humana concentrada en tan poco espacio. Pero lo habrán convertido para siempre en un espacio de leyenda que a día de hoy, pese a no estar ubicado en su lugar original (los planes urbanísticos municipales suelen provocar ese tipo de cosas), se llena a diario de fans de los Beatles que suspiran emocionados y enfermos de melancolía.

En The Cavern tocan casi siempre *covers* de otros grupos del momento. Son contratados para entretener a un público que, al principio, se componía de trabajadores de la zona que paran allí porque la comida es barata y buena. Es sobre todo, al principio, un club de jazz. Por eso a John le riñen, como contamos antes, cuando toca una canción de Elvis. El rock estaba prohibido y además se consideraba un estilo sin futuro. Sin embargo, los responsables del local fueron cambiando de idea al respecto del rock, sobre todo al comprobar la de jovencitas que pasaban sus horas libres allí escuchando a aquellos cuatro *teddy boys* desaliñados, cazadoras de cuero, pantalones apretados, que eran Pete, George, Paul y John. Porque mucho antes de que estallase oficialmente la Beatlemanía, en Liverpool ya eran un fenómeno de fans. Finalmente, se reconvirtió, y así sigue, en la gran sala de conciertos de rock que hoy conocemos.

(Una curiosidad: allí debía de haber algo en el ambiente, quién sabe qué, porque además de salir de allí los Beatles salió una de las grandes cantantes británicas de todos los tiempos, Cilla Black —Paul compuso para ella muchos temas en los tiempos de Apple—. Cuando los Beatles eran la estrella principal de los conciertos de The Cavern, Cilla era... la encargada del guardarropa. Quién le iba a decir a aquella niña que pasaba la noche vigilando los abrigos del público que un día iba a ser, ella también, una de las grandes voces de la historia de la música popular mundial).

La gran decisión —cambiar la orientación musical del local, fuertemente centrada en el jazz— fue tomada el 25 de mayo de 1960. Ante la gran proliferación de grupos de rock en Liverpool (en julio de 1961 se contabilizan 350 formaciones), y su éxito más que evidente, no solo los Beatles, la dirección del local abre sus puertas a nuevas tendencias musicales. Los miércoles por la noche serán bautizados como «noche beat». Formalmente, los primeros en hacer rock and roll allí serán Rory Storm & The Hurricanes (el batería es un tal Ringo Starr) y Cass & The Cassanovas.

Además de temas de otros músicos del momento, los Beatles empiezan, poco a poco, pero con éxito, a ofrecer sus propias composiciones. En fin, composiciones de Lennon y McCartney. Harrison, de momento, está agazapado y, probablemente, muy poco convencido de sus capacidades compositivas. Así que allí estrenan «Love Me Do», el que será su primer sencillo, y «Likes Dreamer Do».

El local había sido abierto por Alan Sytner el 16 de enero de 1957 en Mathew Street. Ahí los Beatles crecieron musicalmente. Y ahí, para dar su último concierto del siglo xx volvió Paul McCartney. En diciembre de 1999, Macca tocó en The Cavern un repertorio que no podría ser diferente al que escogió y que consistía, en lo básico, en grandes clásicos del rock and roll. Anda por YouTube la actuación completa y vemos a Paul explicar cada tema con referencias a aquellos días primeros.

Aquella actuación de Paul en The Cavern tenía que ser así y no podía ser de otra manera. Clásicos del rock and roll. Temas de finales de los 50, de cuando él era un adolescente. Elvis por un tubo. Chuck Berry, Eddie Cochran, Gene Vincent… Lo que formó a los Beatles musicalmente.

Aquella actuación le sirvió a Paul para presentar su disco más difícil. Y cuando decimos que es el más difícil no nos referimos a algo técnico. Hablamos de un asunto emocional. Paul presenta allí su disco de clásicos del rock «Run Devil Run». Son las canciones que lleva toda la vida tocando. ¿Qué tiene eso de difícil? A priori, nada. Pero en realidad, es la vuelta a los escenarios de McCartney después de la muerte de Linda, su primera esposa y, como sigue diciendo en cada concierto cuando presenta «Maybe I'm Amazed» que compuso, precisamente, para Linda, su gran amor.

Paul ha reconocido en múltiples ocasiones que grabó ese disco muerto de miedo. Era su intento por seguir con su vida después del golpe tremendo del fallecimiento de su esposa. Y para hacerlo, recurrió a las canciones de siempre. Y se las llevó a The Cavern. A dónde si no.

En aquel mítico concierto se rodea de amigos. David Gilmour, de Pink Floyd, o Mick Green, de Billy J. Kramer and The Dakotas. Para la gran mayoría de la humanidad ese grupo no es nada comparado con Pink Floyd, pero eran unos de los habituales de The Cavern cuando los Beatles empezaban, uno de los más famosos de Liverpool en los primeros sesenta, y los que grabaron el «Likes dreamer do» de los Beatles en los primeros tiempos. La apoteosis llega cuando interpretan «I Saw Her Standing There», uno de los grandes clásicos de los Beatles que Paul compuso cuando tenía 15 años y que en The Cavern los Beatles habían interpretado cientos de veces...

McCartney volvió una vez más a The Cavern, en julio de 2018. Quizás vuelva, ojalá, a tocar allí muchas veces más y que nosotros lo veamos. En esa ocasión, arrancó el concierto con «Twenty Flight Rock» de Eddie Cochran, o lo que es lo mismo, con la canción con la que, muchísimos años antes, había impresionado a un tal John Lennon, el día en que se conocieron en la iglesia de Saint Peter, en Wolton, aquel día feliz de 1957 del que hablábamos al principio de este libro. En la era de las cavernas.

PAUL QUERÍA SER GUITARRA SOLISTA, PERO HAY PIFIAS IMPERDONABLES

Lo que más mola en un grupo de rock and roll es ser el guitarra solista. Porque en todas las buenas canciones de rock hay un momento, hacia la mitad, en la que es el momento del guitarrista, del solo de guitarra. Es cuando él ocupa todas las miradas. Los demás tocan para que él se luzca. Ahora puedes contonearte, usar tu guitarra como una ametralladora, demostrar que tienes más dedos en las manos que el resto de la gente normal y que sabes usarlos.

Cuando los Quarrymen empiezan a formarse como grupo, todos eran guitarristas. Guitarra John, guitarra George y guitarra Paul. Sin batería, defienden ante posibles contratadores que el ritmo está en las guitarras. Vale, de acuerdo, pero, ¿quién es el guitarra solista?

Paul se autonombró guitarra solista. Probablemente en

aquel momento ya todos sabían que George era el mejor guitarrista de los tres, pero a Paul siempre le ha gustado mandar y, además, en aquel momento, George no tiene ni medio bigote. Así que nadie lo discute: nuestro guitarra solista es Paul McCartney.

Los Quarrymen ensayan su repertorio y Paul ejecuta sus solos con profesionalidad y oficio. Los que lo hemos visto en directo sabemos que hace pocos, pero los que hace, no le salen mal.

Porque Paul es un gran instrumentista. Con diferencia, es el más «músico» de los cuatro. De la nada, aprendió a tocar el piano. Y lo hacía tan bien que el propio George Martin reconocía que poco podía enseñarle a ese nivel a Paul. También es, con diferencia, el que tiene mejor voz y mejor canta. Ringo no es un buen cantante. John tenía una voz singular a la que le podía haber sacado más partido pero, como Martin también ha señalado, estaba muy inseguro con su voz, por eso le gustaba ponerse ecos y deformarla. George, buen cantante, la tiene quizás áspera de más. Paul, sí, es el mejor cantante de todos ellos. Es capaz de dar tres octavas distintas. Ahora no, claro. Ahora, en los conciertos, le deja la voz aguda (la que él hacía) a alguno de sus compañeros de escenario y se aplica con la baja (la que hacía John).

Multinstrumentista, voz prodigiosa, técnica impecable… Paul lo tiene todo. Quizás por eso se atrevió a hacer tres discos en solitario (titulados todos ellos «McCartney») en distintas épocas (1970, 1980 y 2020) tocando él TODOS los instrumentos. Ya lo hacía, si le dejaban, con los Beatles. Es famoso el comentario de Ringo sobre que en Abbey Road era mejor no ir al baño porque al volver ya tenía a Paul sentado a la batería y grabando la percusión…

Así pues, Paul es el músico perfecto. ¿Cómo no iba a ser, además, el guitarra solista?

Pues no lo fue por culpa de una pifia.

Ha tenido pocas a lo largo de su vida.

Pero algunas han sido clamorosas.

El 18 de octubre de 1957 los Quarrymen están contratados para tocar en el New Clubmore Hall de Liverpool. Paul va a debutar como guitarra solista. En la primera canción, bien por los nervios o porque un mal día lo tiene cualquiera, se hace un lío con los dedos, con las notas, con el *tempo* de la canción, o sea, hace delante del público lo que técnicamente se conoce como *un churro*.

John, líder de la banda (por algo es el mayor de todos ellos) le dice que se olvide. Queda relegado a la guitarra rítmica. George, pues, asume desde ese día esos (complicados) galones.

¿PERO QUIÉN ERA REALMENTE EL LÍDER DE LOS BEATLES? (UNA POSIBLE EXPLICACIÓN DE POR QUÉ SE SEPARARON LOS BEATLES)

A John le gustaba decir que el líder de los Beatles era él. De hecho, uno de los enfados mayúsculos de su vida lo pilló aquel día en el que, sin avisar, casi a traición, Paul largó la nota de prensa anunciando que se marchaba de los Beatles. No que los Beatles se separaban, no. Que él se marchaba. El enfado, como decimos, fue mayúsculo. Él argumentaba que el grupo lo había fundado él y que por lo tanto que lo finiquitaba él. Paul, el más estratega siempre de los cuatro, se adelantó, sobre todo, porque ya tenía listo, muy avanzado, la publicación de su primer trabajo en solitario, «McCartney», aunque al final, el que se llevó el gato al agua fue George con su magistral «All Things Must Pass», LP triple que todavía hoy marea de lo bueno que es.

Ha existido siempre un gran debate sobre quién era el auténtico líder de los Beatles. Es, como lo del Sexo de los Ángeles o el Misterio de la Santísima Trinidad, una pregunta imposible de contestar. Aunque aquí lo vamos a intentar.

Durante la primera parte de la vida del grupo el líder, indiscutible, clarísimo, es John. Si analizamos el protagonismo de cada uno de ellos en los LP del principio como «With The Beatles» o «A Hard Day's Night», el dominio de John es absoluto. Es el que más canta, el que más aporta, ya no sólo porque es la voz principal en los temas compuestos por él, sino en los que firman otros y ellos versionan. En «With The Beatles», Lennon interpreta 8 canciones de las 14 que hay en el disco. En «A Hard Day's Night», en 10 de 13.

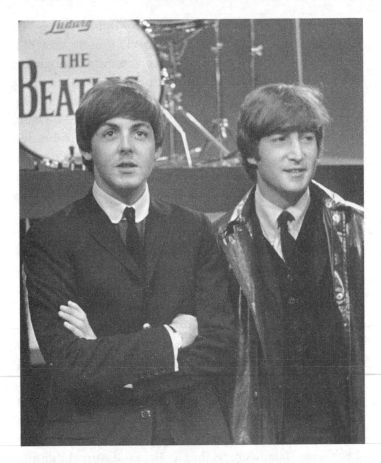

Por lo menos hasta el fallecimiento de Brian Epstein (27 de agosto de 1967) nadie le tose a John. Al principio seguro que tenía mucho que ver con la diferencia de edad. Aunque no es mucha entre ninguno de ellos, cuando eres un adolescente eso todavía pesa mucho. George se quejaba de que John siempre lo había visto como un hermano pequeño, y la frase no va en sentido fraternal sino en sentido menos amigable, en plan, quítate de ahí, enano, y deja jugar a los mayores. Musicalmente no hay duda. Si agarramos los primeros discos, por lo menos hasta «Rubber Soul», es decir, hasta que dejan de tocar en directo (eso fue en el 66) en todos los discos la mayoría de las composiciones son de John (aunque las firme con McCartney).

Pero eso cambia a partir de la muerte de Epstein (en «Revolver», por ejemplo, el dominio compositivo de Paul es absoluto en todo el disco). Cuando él muere, los Beatles se reúnen, claro, en casa de Paul, que es quien los convoca para ver qué hacer a partir de ahora. Son cuatro chicos megafamosos, megamillonarios y megaperdidos que jamás han tenido que tomar una decisión. Literalmente. Brian decidía todo. Desde cómo se vestían a la clase de reverencia que había que hacer después de cada canción, a qué bolos asistir, a qué recepcioness acudir, qué entrevistas conceder. Brian les mandaba un sobrecito con libras semanalmente que ellos iban metiendo en cajas fuertes. Eso era todo.

Esos cuatro chicos huérfanos deciden hacerle caso a Paul y rodar una película para televisión titulada «Magical Mystery Tour» que no es que sea mala. Es malísima. Una historia que no es historia porque no tiene guión y porque, en el fondo, nadie se paró a pensar qué había que hacer ni con quién (situación muy parecida, por cierto, a lo que luego será el fallido proyecto «Get Back»). La prueba de que no lo pensaron muy bien es cómo cuenta John la selección del personal técnico:

«No teníamos director sino varios cámaras, y les dijimos: "¿Sois directores?" Y nos dijeron: "Sí". Y les dijimos: "Bien, contratados". Eso fue todo[27]».

Por primera vez les llueven críticas. La vieron por la tele

---

27   En *Anthology*, pág. 273.

13 millones de británicos y las crónicas al día siguiente, de los críticos, fueron furibundas. El crítico del Daily Express dijo que «nunca había visto una basura tan ofensiva», y el Daily Mail, sentenciaba: «La pedantería de los Beatles es colosal».

Geoff Emerick, el ingeniero de sonido de los Bealtes, es muy claro al respecto en su libro cuando se refiere al comportamiento del grupo tras la muerte de Epstein y de cómo Paul se echa toda la responsabilidad a la espalda:

«Visto en perspectiva, es evidente que regresamos al estudio demasiado pronto. Paul era el único al que le quedaba algo de energía creativa, y tenía intención de superar el *Sgt. Pepper*, los demás no parecían ni de lejos tan interesados. Pero debido al consumo desenfrenado de drogas por parte de John y al viaje espiritual a Oriente de George, Paul había tomado las riendas del grupo con tanta firmeza que los otros ni siquiera discutieron el acierto de volver inmediatamente al trabajo[28]».

El grupo, pues, descabezado, empezaba a dejarse llevar por una melancólica inercia…

Pero de esto no hablamos ahora. Hablábamos de liderato. Un liderato que se autootorga Paul y que no sabrá ejercer. Su obsesión por el trabajo a todas horas pondrá de los nervios a todos, en especial a George y a Ringo. La «hermandad» entre John y Paul comienza a romperse poco a poco.

En los demás LP sigue habiendo muchas canciones de John. Pero ya no tantas. Paul es, pues, quien tira del grupo, quien los convoca en el estudio para hacer música. George y Ringo, como decimos, se quejaban mucho de eso, que no se podía ni salir al jardín de Abbey Road que Paul

---

28   En el libro citado de Emerick,pág. 212.

llamaba para hacer no sé qué cosa. Paul pasa a ser el líder de ese grupo, le guste a John o no. Lo que sucede es que, además, a John ya no le interesaban los Beatles. Centrado en Yoko, se interesa por su primera vocación: el arte. Siempre había dibujado y pintado pero con Yoko explota esta faceta y otras más de corte artístico. Expone, hace *happenings*, películas experimentales. Paul se hace con el control (aunque aquello será un caos, sobre todo a partir de la creación, estúpida, de Apple Records, su propio sello discográfico y que casi los arruina), pero, salvo la música, todo es un completo desastre. Por eso, en parte, deciden dejarlo todo. Demasiadas tensiones, no se soportan. Yoko no tiene nada que ver. Echarle la culpa a ella es de las cosas más feas. machistas y patriarcales que se han dicho nunca. El problema de los Beatles es, precisamente, la falta de liderato. Brian estaba muerto y Brian era quien los había llevado de la mano siempre. John ya no tenía ganas. George estaba cansadísimo del grupo casi desde el comienzo. Ringo llegó a marcharse durante semanas después de una bronca durante la grabación del Álbum Blanco. Paul, el más beatle de los Beatles, lideraba, sí, pero estaba liderando un grupo humano que no se quería dejar guiar.

Es muy revelador lo que George Harrison escribió sobre «Wah-Wah», una de las grandes canciones de su primer trabajo en solitario, el triple LP, «All Things Must Pass»:

«Compuse Wah-Wah durante el fiasco de Let It Be, que empezó con los ensayos de las canciones y terminó siendo la película homónima. Nos habíamos mantenido apartados después de haber pasado una época muy difícil durante la grabación del Álbum Blanco. Aquel álbum doble era tan largo que parecía no acabar nunca y, además, dentro de la banda estaban ocurriendo toda clase de gilipolleces;

presiones y problemas. Después de aquello, nos tomamos unas vacaciones y luego volvimos directamente a la antigua rutina. Es esa idea de cómo todo el mundo ve y trata a todos los demás, sin detenerse a pensar en el hecho de que siempre estamos cambiando.

Recuerdo que Paul y yo estábamos tratando de discutir y que el equipo seguía filmándonos y grabándonos. Una de aquellas mañanas, no pude soportarlo más. Decidí: ¡hasta aquí hemos llegado!, esto ya no es divertido, estar en esta banda es muy deprimente, todo esto es una mierda, gracias, me marcho. Wah-wah es un «dolor de cabeza», además de un pedal. La escribí en esa parte de la filmación en la que John y Yoko tenían berrinches y se pasaban el tiempo gritándose el uno al otro. Me fui de la banda, volví a mi casa… y escribí esta tonada[29]».

Mick Jagger siempre le decía a Paul que envidiaba lo unidos que estaban los cuatro, que siempre iban juntos a todas partes, que eso los Rolling Stones no lo tenían. Eso es cierto, sí, pero sólo sucedió durante la época de Brian. En el momento en el que él se fue, todo empezó a irse un poco a la porra. Menos la música. Pero sí el grupo. Keith Richards, el otro gran peso pesado de los Stones, que tantas broncas ha tenido con Mick, siempre ha reconocido que lo de Jagger tenía mucho más mérito que lo suyo porque, a fin de cuentas, Mick era el líder.

Los Beatles se separaron, entre otros motivos que iremos desgranando a lo largo del libro, porque no había alguien que los llevase de la mano, alguien que, de alguna manera, los obligase a ser chicos serios, responsables, trabajadores y cumplidores.

---

29   En el libro citado de Harrison, pág. 192.

En el libro *Get Back*, de los propios Beatles, de 2021, leemos este párrafo bien clarificador:

«La tensión se puede palpar. Durante las sesiones de *Let It Be* es George Harrison quien dice: "Desde que el señor Epstein murió (…) no ha sido lo mismo". Paul está de acuerdo. También puede verlo: "Hemos estado muy negativos desde que el señor Epstein falleció. Quiero decir, es el motivo por el cual todos nosotros, uno tras otro, nos hemos cansado del grupo, ¿sabes?, porque no hay nada positivo en él. Es una lata. Pero la única manera de que no sea una lata es que los cuatro pensemos: ¿podemos convertirlo en algo positivo?"[30]».

El verdadero líder de los Beatles era, no tengo la menor duda, Brian Epstein. A él le dedicaremos, pues, el siguiente capítulo.

BRIAN

De Brian Epstein ya se ha contado prácticamente todo. Y en lo que va de libro ya hemos apuntado, en el capítulo anterior, su condición de líder, por lo menos en esa primera época. En la segunda ya no estuvo, porque se murió, probablemente de una manera accidental al mezclar antidepresivos, alcohol y estimulantes. No fue, eso está más que demostrado, un suicidio, como se dijo en un primer momento. Fue un accidente. Un hecho de mala suerte que lo cambió todo.

Los estudiosos del mundo beatle suelen dividir la historia del grupo en dos épocas: el momento en el que dan

---

30   En el libro citado de The Beatles, pág 19.

conciertos y cuando dejan de hacerlo. Yo prefiero distinguir, por lo que ya he explicado en el capítulo anterior, entre los Beatles con Brian y sin Brian. Es cierto que su música cambia (se vuelve mejor) desde el momento en el que ya sólo están en el estudio. Pero son, todavía, un grupo unido que hace cosas unidas. También es cierto que Brian Epstein se siente desplazado y algo prescindible una vez que los chicos han decidido dejar las giras. Se ha escrito mucho sobre esto. Que si Brian estaba triste, que si Brian no se sentía querido.

Vale la pena reproducir aquí un largo fragmento escrito por Derek Taylor, el responsable de prensa de los Beatles (y luego de Apple Records) sobre Brian, para dejar las cosas claras y en su sitio. El texto aparece en el «I me mine» de Harrison:

«Al final de aquel verano en cuestión —se refiere a 1967, el conocido como «verano del amor» o para otros «verano del ácido», por el LSD— Brian Epstein estaba muerto. Aunque se había ido adaptando a una percepción más abierta y compartida de la vida junto a los Beatles, el curso natural de los acontecimientos había hecho que su utilidad en el rol de Padre fuera disminuyendo. Los Beatles ya no hacían giras. Habían dado su último concierto en 1966 en Candlestick Park, San Francisco. Cada uno de ellos estaba, al menos en apariencia, en relación con una mujer.

Bajo la vigilancia de George Martin, no tenían rivales como amos del estudio de grabación, de modo que el papel de Brian estaba cambiando. En mayo, en aquel último verano, conversé con él en su residencia de Sussex (...) Él se encontraba extremadamente feliz —y esto antes de que «tomara nada» aquella noche— y reflexivo, y se daba cuenta de que ahora que los Beatles ya eran considerados uno de los grandes tesoros del mundo, y que estaban a punto de reconfirmar su supremacía con Sgt. Pepper, él dispondría de tiempo para explorar otros intereses, establecerse en una casa de campo, administrar lo que consistía en un grupo internacional de empresas muy activo y rentable (...), sin dejar de gestionar algunos asuntos para los Beatles.

(...)

Su muerte fue imprevista, impactante y, casi con seguridad, accidental. Bebía demasiado (éramos bastantes los que lo hacíamos), tomaba demasiadas drogas (como también lo hacíamos otros... en aquellos tiempos) y murió a causa de una combinación de ambas cosas. Tras la investigación, se dejó abierto el veredicto. No hubo presunción de suicidio en ese momento, ni la hay ahora[31]».

Que estaba tan feliz como lo recuerda Taylor lo contradice otro testimonio, concretamente el del ingeniero de sonido John Timperley, presente en el estudio cuando los Beatles trabajaban en «Your Mother Should Know», el 23 de agosto, y Brian los fue a visitar. Según él, tenía un aspecto sombrío y deprimido.

Las cosas habían cambiado para Brian, sí, pero no había dudas de que seguía siendo su mánager, llevaba sus asuntos y negociaba sus contratos. Además, representaba a otros muchos grupos, sobre todo de Liverpool, y a artistas que gozaron de mucho éxito como Mary Hopkins. Brian, desde luego, tenía muchas cosas que hacer al margen de los Beatles. Sin embargo, un día combinó mal, como decimos, los tranquilizantes para dormir y los estimulantes para no estar tan dormido como estaba. Los chicos estaban de retiro con el Maharishi intentando meditar y comprender el cosmos. Brian se muere, solo, en su casa.

George Martin también tenía claro que lo de Brian no había sido un suicidio, aunque también apuntaba, como todos sabían, que su papel en los Beatles cada vez era menor y que sufría por ello.

Así lo dice en el libro ya citado:

«La ironía es que incluso si Brian viviera hubiera, creo, tenido grandes dificultades para habérselas con la vida. Porque era inevitable que perdería a los Beatles en poco tiempo y para él, era como perder a sus hijos, eran toda su razón para seguir viviendo. Nunca hubiera podido

---

31   En el libro de Harison citado, páginas 34-35.

separarse de ellos como yo: con una gran amistad pero sin una sensación de pérdida[32]».

Muerto Brian, comienza El Desastre.

Así lo expresó el mismo John Lennon:

«Sabía que estábamos en un lío en aquel entonces. En realidad, no albergaba ideas falsas relativas a nuestra capacidad de hacer cualquier cosa que no fuera música y estaba asustado. La estamos jodiendo, pensé[33]».

La separación de los Beatles, insisto, arranca de ahí. De estar vivo Brian no se habrían metido en la chorrada de crear su propia discográfica, Apple Records, que casi los arruina y que, por supuesto, los distanció, peleó, cabreó y mantuvo distantes durante años. De haber estado vivo, estoy seguro de que los Beatles habrían durado muchísimo más porque era el pegamento que los mantenía unidos.

De los méritos de Brian hay que destacar muchos. Por ejemplo, que él fue el inventor de las giras modernas y, sobre todo, del *marketing* musical moderno. Hoy diríamos que fue el primer profeta de «lo viral». Digo esto porque antes de llegar los Beatles a los Estados Unidos no se hablaba de otra cosa en todo el país. Aún no habían puesto un pie en norteamérica y ya eran El Único Tema de Conversación. No es de extrañar que cuando Ed Sullivan los saca en su show se batan todos los récords de audiencia de la época. No es extraño, como se comprobó, que durante la emisión de ese programa no se cometiese ni un solo acto delictivo en todos los Estados Unidos. Que ironía: décadas de propaganda de la Liga Nacional del Rifle a favor del uso de armas para defenderse de «los malos» y bastaba con sacar

---

32   Citado en el libro citado de Hertsgaard, pág. 73.
33   Citado por Mark Herstgaar, *op.cit*, pág 73.

a esos cuatro inglesitos por la televisión para que llegase la paz ciudadana.

Eso sí, una vez más se comprobó el divorcio (todavía existe hoy, por ejemplo en la literatura: la «gran crítica» ignora, o desdeña, los libros favoritos por el público) entre los críticos musicales y toda esa millonada de gente a la que le había gustado el show.

Así, por ejemplo, el *New York Journal-American* despachaba la actuación de los Beatles en el programa de Ed Sullivan así:

«Visten de forma ridícula y llevan el pelo desaliñado, pero musicalmente tienen posibilidades».

Aquella estética diferente y «juvenil» de unos músicos «desaliñados» era en lo que se fijaba la siempre conservadora, incluso la «progresista», prensa norteamericana.

Decíamos que Epstein inventó «lo viral». Se sacó de la manga aquel lema afortunado;: «¡Que vienen los Beatles!». Pongámonos en contexto. La mayoría de la ciudadanía estadounidense no tiene ni idea de qué son los Beatles, si una nueva marca de cereales para el desayuno, el nombre de un equipo de fútbol o un dibujo animado. Pero lo entienden enseguida. Brian inunda las principales ciudades del país con vallas publicitarias con ese lema: «¡Que vienen los Beatles!», así, con admiraciones. Brian contrata infinitas cuñas en las principales radios musicales del país (y allí eran ya por aquel entonces cientos) con la frasecita de las narices: «¡Que vienen los Beatles!». Brian consigue que en las televisiones, que ya eran muchas, ¡y por cable!, se repita el slogan hasta la extenuación. La conclusión lógica no se hace esperar y la Beatlemanía, como antes en el

Reino Unido y después por el resto de Europa, se enciende. Habían sido ya número 1, varias veces, de hecho, desde el primero con «I Wanna Hold Your Hand», y eran bastante conocidos. Pero él consiguió que fuesen una obsesión.

Una de sus genialidades fue conseguir que Ed Sullivan les permitiese actuar en su programa al que ya nos hemos referido más arriba. El Late Night de Sullivan era el más visto del país. Salir ahí era caro, o sea, era difícil. El periodista no lo veía muy claro, pero Brian lo convenció. Le juró que no se arrepentiría. Y desde luego que no se arrepintió. Antes de la actuación, la productora del programa había recibido 50.000 peticiones de entradas. Lean bien la cantidad: 50.000. Elvis allí había triunfado. Pero el triunfo de Presley parecía una tontería comparado con eso. Cincuenta mil personas querían verles en el programa, en el plató. Nunca se había visto nada igual. De hecho, nunca se ha visto nada igual.

La Beatlemanía acabó de cuajar en los Estados Unidos tras las dos apariciones en el programa de Ed Sullivan con tres conciertos más que dieron, uno en el Washington Coliseum y dos en el Carnegie Hall. Y esa fue una jugada maestra y fue cosa de Brian. Sin esas dos actuaciones en el show de Sullivan quizás no habrían conquistado de todos los Estados Unidos porque, a fin de cuentas, «Love Me Do», «Please Please Me» y «She Loves You» allí no habían funcionado como en Europa. Mas Epstein sabe que tienen todavía una posibilidad, y esa posibilidad pasa porque Ed Sullivan los saque en su programa. Brian va a pelearlo duramente. Sullivan quiere que toquen pero que sean un grupo más, con otros que salgan esa noche. Epstein insiste e insiste. Que no. Que ellos tienen que estar solos. Que ellos tienen que ser las grandes estrellas de la noche. No tienen estatus, todavía, para tal honor, replica Sullivan. Pero

Brian lo consigue incluso sacrificando el caché del grupo, que sólo va a cobrar por los dos programas, 7000 dólares. Objetivamente hablando, los Beatles perdían dinero. Pero para Brian aquello era una inversión.

Y esa jugada, insistimos, magistral, le va a salir redonda. Al día siguiente, en todos los Estados Unidos no se habla de otra cosa que de la música de los Beatles, los pelos de los Beatles, las ropas de los Beatles, qué simpáticos los Beatles.

Brian, de nuevo, lo ha vuelto a hacer.

Un dato curioso de ese día: los Beatles consiguieron una audiencia, en la primera actuación en el show, de 73 millones de espectadores (cuatro días después repiten pero desde Miami: 70 millones). Lo nunca visto. Era el 9 de febrero de 1964 y el momento cúlmen sería la interpretación en directo de «I wanna hold your hand», Pues bien, en Ese Momento Supremo algo falló («las cosas del directo») y el micro de John estuvo cerrado durante toda la canción. Así que sólo se oyó la voz de Paul y la canción sonó, desde luego, muy rara.

Brian estaba representando al grupo desde el año 1962, desde aquel día en el que, acompañado por su ayudante en la tienda de la empresa familiar que él regentaba, NEMS, y en la que los Beatles pasaban horas y horas viendo discos (los discos que no podían comprarse porque no tenían dinero), entraron en The Cavern para verlos tocar. Brian no tenía ninguna clase de interés musical en aquel grupo. Él era un hombre de negocios y estaba preocupado porque en las semanas anteriores varios clientes habían entrado pidiendo un disco de los Beatles que él no conseguía encontrar. Y era lógico: no existía ningún disco de los Beatles. Eran fans del grupo en The Cavern y sabían que habían grabado con Tony Sheridan, como ya hemos contado. Intrigado, quiso saber quiénes eran esos por los que todos le preguntaban. Su tienda estaba muy cerca del local y allí se fueron. Había una cola enorme pero los responsables, al reconocerlo, lo dejaron pasar. Indiscretos, anunciaron por megafonía que él estaba allí. Los Beatles tocaron y Epstein se declaró hechizado por la música, el ritmo y, sobre todo, por su sentido del humor. Ese mismo día, inconsciente, sin tener ninguna clase de experiencia en el mundo de la música se ofrece para ser su mánager y conseguir que graben un disco de inmediato. Ellos, igual de inconscientes, firman con él.

Bendita inconsciencia…

El resto, ya es historia.

La leyenda dice que si «Love me do», el primer sencillo de los Beatles subió tan rápido en las listas de éxitos (hasta el 17) fue porque el propio Brian Epstien había comprado para su tienda de Liverpool, NEMS, 10.000 copias. La historia se repite de vez en cuando, pero ya el propio Epstein en vida la desmintió rotundamente. Decía que económicamente se lo podía permitir y que por los chicos lo haría. Pero no lo hizo. Es leyenda, simplemente.

En su haber, todos los logros. ¿Lo peor? En palabras de Paul McCartney, en vida todavía de Brian, que no había sido capaz de conseguir buenos contratos para los Beatles. Paul estaba especialmente resentido con él porque los Rolling, siendo claramente un grupo que facturaba muchísimo menos que ellos, habían conseguido un mejor contrato. Brian lo solucionará el 27 de enero de 1967 cuando consigue un nuevo contrato para los Beatles con EMI Records, por nueve años más, lo que quiere decir que contemplaban el horizonte de seguir publicando discos con ellos, por lo menos, hasta 1977. Hasta llegaron a crear, en abril de ese mismo año, una sociedad comercial jurídica, de nombre The

Beatles & Co que en teoría, también, los mantendría unidos, como mínimo, hasta 1977. Dentro de esa empresa, hay una división, perteneciente a Brian, John y Paul, dedicada a gestionar los derechos de las canciones en los Estados Unidos y bautizada muy tópicamente como Maclen Music.

La idea, pues, era que siguieran juntos, por lo menos, hasta 1977.

Ya sabemos que después la historia no fue en absoluto así y que todo se acabó mucho antes.

Probablemente, aquel hombre de negocios que fue Epstein no fue el mejor hombre de negocios del mundo a pesar de que tenía a su cargo la mejor marca del mundo, el mejor producto.

Un ejemplo: cuando estalla la beatlemania todo el mundo quiere tener el pelo como un beatle o vestirse como un beatle. Es por ello que tiene que negociar con empresas que fabrican pelucas o trajes-de-beatle o de cualquier otra cosa. Para él, el asunto no tiene la más mínima importancia y acepta recibir 100.000 dólares (una barbaridad de dinero para la época) por los derechos de fabricación de camisetas de los Beatles. Leamoslo bien: cedió a una empresa la posibilidad de imprimir la cara de los Beatles en una camiseta todas las veces que quisieran. ¿Qué fue lo que sucedió? Que en tres días la empresa en cuestión ya había recuperado su inversión. El contrato estuvo en vigor hasta 1967. En ese momento, se calculaba que los Beatles habían dejado de ingresar por este asunto, o sea, dicho más crudamente, que habían perdido, 100 millones de dólares.

Eso que sucedió con las camisetas pasó con más cosas, pero, en todo caso, Brian los hizo ricos, famosos, y, sin él, no habrían sido nada en el mundo de la música. Epstein fue, como decía Derek Taylor en la cita que leímos más arriba, una especie de «padre», el hombre de esa familia que ellos eran. Un dato sobre esto: cuando el 26 de octubre tienen que ir a recoger de manos de la Reina, en el Palacio de Buckingham, su condecoración como Miembros de la Orden del Imperio Británico, el protocolo dice que cada uno de ellos puede llevar a dos personas como acompañantes. No llevarán a nadie. Sólo a Brian.

Gracias a él, «vinieron» los Beatles. Y se quedaron para siempre.

Pensando en él, componen una canción (obra fundamentalmente de Lennon), titulada «Eight Days A Week», dedicada a un hombre que trabajaba ocho días a la semana. Para ellos. Sólo para ellos.

BEATLE POR 13 DÍAS

Los Beatles, en su formación clásica, son John, Paul, George y Ringo. Sin embargo, durante 13 días de 1964, los Beatles fueron John, Paul, George... y Jimmie Nicol.

La historia es fascinante, aunque con un puntito triste.

En 1964, dos días antes del comienzo de la gira de los Beatles, en plena efervescencia, antes de que arrancase el periplo mundial que los llevaría por todo el planeta, Ringo es internado de urgencia por un problema de garganta que se complica. Tiene que quedarse internado en el University College Hospital (para evitar que alguien del personal tuviese ideas morbosas, se quemaron las amígdalas de Ringo así como se le extirparon).

Con la baja de Ringo, hospitalizado el 3 de junio, cunde el pánico en el universo beatle. ¿Qué hacemos? George lo tiene claro: pues no vamos de gira. Los otros dos, Paul y

John, ni se plantean tal cosa. Como siempre, es Brian quien respira profundo y busca una solución. Necesitamos un sustituto. George Harrison dice que no. Probablemente no le apetecía un pimiento salir de gira otra vez. Esta era la excusa perfecta. Paul, Brian, George Martin, John, todos se afanan para intentar convencerle. Y lo consiguen. Brian habla con George Martin. Él conoce a muy buenos baterías, y hay uno que le gusta en especial. Se llama Jimmie Nicol y de vez en cuando va a Abbey Road a tocar con unos y con otros. Sabe que hace una semana que acaba de incorporarse a los Blue Flames, el grupo de acompañamiento de George Fame. Deciden llamarlo.

Jimmie es un chico jovencito. Acaba de salir de marcha toda la noche. Está cansado y tiene resaca. Mucha. Está en el salón de su casa, tirado. En otro sofá, un amigo compañero de juerga. El teléfono suena. No para. Jimmie no está para coger el teléfono. Pero suena y suena. Será su amigo quién le dirá que por Dios que coga el maldito teléfono de una vez a ver si por lo menos pueden descansar. Jimmie agarra el teléfono. Una voz le dice que el señor Epstein quiere hablar con él. Nicol sabe de sobra quién es Brian Epstein.

—¿Jimmie?

—Sí, soy yo.

—¿Te gustaría irte de gira con los Beatles?

Jimmie Nicol va a vivir durante 13 días la locura de la Beatlemanía. Del 4 de junio al 15. En pocos días pasará de intentar digerir una resaca a pasear por los canales de Ámsterdam rodeado de chicas histéricas que lo quieren tocar... y lo que se tercie. Si entráis en YouTube y buscáis las actuaciones de Nicol vereis que se defiende bien. Y eso que sólo pudo ensayar con el grupo una tarde. Y tenía, por cierto, resaca.

Los que saben de baterías dicen que abre más el charles del instrumento de lo que hacía Ringo. Pero mira, el chico no pierde el ritmo. En el fondo, era de lo que se trataba.

Esos 13 días fueron una locura que cambiaron la vida de Jimmie Nicol para siempre.

Terminó viviendo en las calles y en la pobreza, pero durante 13 días tocó el cielo.

Después, se perdió en el más absoluto anonimato.

Hay una foto de Jimmie, solo, muy serio, en el aeropuerto de Australia. Unas horas antes había sido aclamado por las multitudes. Incluso había salido al balcón del hotel a saludar... ¡con los otros cuatro! pues Ringo ya se había incorporado ese día y reclamaba su batería, su puesto en el grupo y en la historia. Hay fotos, pues, de cinco beatles en gira, con dos baterías. Increíble.

Nicol volvió a Inglaterra y su familia lo sintió diferente. Es fácil de entender. Cómo habríamos vuelto nosotros de haber vivido semejante experiencia. No puede ser fácil. Intentó, legítimamente, sacar tajada de la fama violentamente adquirida como Beatle por dos semanas. Formó sus propias bandas. Hizo un par de teles, algunas radios.

Pero no tuvo éxito. Él estaba convencido, y es lógico que lo pensase así, que le iban a llover ofertas, dinero a mansalva. Y al principio sí que lo parecía. En Londres lo esperaba un enjambre de periodistas, flashes, una locura. Firmó, rápido, un contrato discográfico que le sirvió para comprarse un Jaguar. Publicó dos singles que fueron recibidos con indiferencia. Tuvo que convertirse en promotor de sí mismo y pagar sus propios conciertos que casi nunca consiguieron pasar de la media entrada. En 1965, al año siguiente de su aventura beatle, comienzan en serio los problemas para Nicol. Está en bancarrota. Adeuda a unos y a otros 4000 libras. Su mujer le exige el divorcio. No le deja ver al niño y tiene que ir a vivir al sótano de la casa de su madre. En la década de los 70, con el grupo sueco The Spotnicks, graba y sale de gira mundial. Pero está absolutamente enganchado a las drogas más duras.

Se marchó a México a mitad de la gira con los Spotnicks. Se piró sin avisar. Allí se casó con una bailarina. Llegó a grabar allí varios discos y a salir en la tele azteca. Pero luego todo se terminó también. Lo último que se sabe de él es que en México monta una empresa pequeña de fabricación de botones y que en 1975 vuelve a Inglaterra a trabajar como albañil.

La última foto suya que se conoce es del 2005 y la publicó el *Daily Mail*. Es un vagabundo. Un tipo desaliñado que deambula por Londres. Se le hizo una oferta, ese periódico y otros en el pasado, para que hablase de aquellos 13 días frenéticos y, sobre todo, de lo que pasaba en el hotel. A la prensa le interesaba saber historias de drogas, de orgías. Él nunca ha dicho nada. En una entrevista en 1987 resume su absoluta fidelidad al grupo como explicación para no contar nada:

—Ellos fueron muy buenos conmigo.

A Jimmie Nicol le tocó el papelón de sustituir a Ringo Starr a sus 23 años. Imposible decir que no aunque, de haber sabido él todo lo que le iba a venir después, quizás no habría aceptado. Porque la experiencia fue divertida, sí, mientras duró, pero de algo así uno no se recupera como si nada. Te tiene que tocar para siempre. A Nicol le tocó tanto, que ya no volvió a levantar cabeza.

Jimmie conocía bien el repertorio de los Beatles, como casi todo el mundo en aquel momento, así que en el ensayo que hicieron esa tarde, los otros tres quedaron satisfechos. Hay una foto de los cuatro después de la sesión. Jimmie sonríe, pero hay una sombra de miedo en su mirada. Brian le pregunta si tiene el pasaporte en regla. Lo tiene. Pero el traje de Ringo no le sirve. Él es más grande y más ancho. Pero es lo que hay. Le queda tan corto que tiene los tobillos al aire. El peinado vale. Casi todo el mundo lleva el pelo a lo beatle en aquel momento.

Veintisiete horas después del único ensayo en Abbey Road, Jimmie está en el escenario tocando la batería de Ringo Starr. El primer concierto es en el Tivoli Garden de Copenhague el 4 de junio. Después, siete conciertos más. Al día siguiente en el Treslong de Holanda para la tele, el 6, en el Auction Hall de Blokker, y el 9, toma *jet lag*, en el Princess Theatre… ¡de Hong Kong! El 12 y el 13, dos conciertos en Adelaida, Australia. Por el medio, cientos de entrevistas, saltos de un hotel a otro, carreras alocadas para escapar de las fans. Y chicas. Muchas. Lo dijo en una de las ruedas de prensa: las mujeres no suelen mirarme y ahora todas quieren tener algo conmigo.

Debió de ser una buena época, esos 13 días locos, para Nicol, porque repetía continuamente la expresión «It's getting better» (va mejorando). Paul la recordaría para inspirarse en una de las canciones del magistral «Sgt. Pepper's» titulando precisamente así una de las canciones: Getting Better.

Vuelto Ringo, la cosa se termina para Jimmie. Lo levantan muy temprano para llevarlo al aeropuerto. Los otros cuatro todavía duermen. Ni se atreve a despedirse de ellos. No quiere molestar.

Ahí llegamos a la foto de la que antes hablábamos. Está serio. Mucho. Preguntándose, quizás, qué es lo que le ha pasado y, probablemente, cómo va a ser capaz de seguir a partir de ahora con su vida.

Brian se acercó con él al aeropuerto. Le dió un cheque de 500 libras (aunque en alguna entrevista posterior Nicol dice que fueron 2500 por actuación y otros 2500 a la firma del contrato; seguramente fueron 500 que, para la época, eran ya una fortuna), y también un reloj de oro macizo como regalo. Llevaba una inscripción: «De los Beatles y Brian Epstein para Jimmie, con aprecio y gratitud».

ALL MY TROUBLES SEEMED SO FAR AWAY?

En la historia de los Beatles no todo son risas. Sonríen mucho en las fotos. Pero lo pasaron mal muchas veces. Sobre todo por malentendidos. O porque la fama tiene ese tipo de cosas y hay quien te quiere buscar las cosquillas. Y te las encuentra.

De los disgustos más famosos está el ya citado de la entrevista con John Lennon en la que decía que los Beatles eran más famosos que Jesucristo. La frase formaba parte de las muchas respuestas a una entrevista publicada por el *Evening Standard* publicada el 4 de marzo de 1966. Se publica en el Reino Unido y no pasa absolutamente nada. Pero, unos meses más tarde, el 29 de julio, la revista estadounidense *Datebook* la publica allí y se va a montar la de San Quintín. Ante el revuelo, Brian Espstein se ve obligado a convocar una rueda de prensa para que John aclare exactamente lo que quería decir. Se celebra en Nueva York el 6 de agosto y es una locura de periodistas intentando atacarle y que diga algo todavía más gordo. No será suficiente y tendrá que repetirlo, rodeado de todos sus compañeros, todos con la misma cara de enfado que él, cinco días después, esta vez desde Chicago. John pide disculpas. Sabe que sólo así lo van a dejar en paz.

La frase quería decir exactamente lo que quería decir: que la juventud estaba más pendiente de los Beatles que de la religión, que ellos movían más gente, en especial entre la juventud, que Jesucristo. Como luego se hartó John de explicar en mil entrevistas, él no pretendía meterse con Jesús, ni siquiera con la religión (aunque el ateísmo de Lennon queda claro en su famoso «God» cuando canta eso de «I don't believe in Jesus»). La polémica, vista desde la distancia, suena ridícula. Pero en su momento fue terrible, dolorosa y muy desagradable. Tanto como para que los Beatles considerasen incluso no salir de gira internacional. Como ya comentamos, la reacción en los Estados Unidos fue furibunda, sobre todo en los estados del Sur, más conservadores y ultras en todo lo que tenga que ver con la religión. En fin, más ultras en todo. Se organizaron quemas de discos de los Beatles (la emisora KLUE, de Longview, en Texas, organiza una «hoguera beatle», pero, al día siguiente, cae un rayo sobre su antena principal y se apaga la emisora; ¿Jesucristo?), se les amenazó de muerte. Incluso el Ku Klux Klan intervino para decir que les pegarían cuatro tiros, uno por cabeza, en cuanto tuviesen ocasión. Las ruedas de prensa dejaron de ser una fiesta para ser ásperas. El noviazgo entre los chicos de los periódicos, las teles y las radios empezaba a romperse y a John se le preguntaba seguido por eso. Si repasamos las imágenes de esos encuentros con la prensa y los comparamos con las de otros años, no se parecen en nada. Hay cuatro chavales serios, preocupados y nerviosos. Incluso bordes en muchas ocasiones. Y John visiblemente molesto que parece que en cualquier momento los va a mandar a freir espárrragos. Y probablemente lo hubiera hecho de no andar por allí, calmando los ánimos, siempre, el bueno de Brian Epstein, especialista en gestionar crisis. En gestionar a los Beatles.

Ringo Starr es quien mejor ha explicado el miedo que sintieron al tocar aquel año allí. Cuenta que ponía los platillos de lado para que, si había disparos, no le diesen a él. Y que a cada lado del escenario había un policía y él pensaba, «vale, si disparan, ¿qué van a hacer estos dos?, ¿coger las balas con las manos?». Durante uno de los conciertos, del equipo de sonido salió un ruido similar a un disparo. Probablemente (les pasaba mucho) había explotado alguno de los amplificadores. Nada grave. Pero en aquel contexto todo les daba miedo. Los Beatles pararon de inmediato el concierto para examinarse unos a otros a ver cuál de ellos había resultado herido. Estaban paranoicos con la posibilidad de un atentado y, desde luego, conociendo el historial magnicida de los estadounidenses (que se lo pregunten al pobre John) que ocurriese era algo más que posible.

Los Beatles tuvieron también problemas con algunas de sus canciones, que fueron censuradas, sobre todo, por la también conservadora y guardiana de las buenas formas BBC. El caso más conocido es el de la canción «Lucy In The Sky With Diamonds» de Lennon. A alguien le dio por decir que en realidad la canción era un alegato al consumo de LSD porque claro, son las iniciales de Lucy, Sky y Diamonds. De nada sirvió que desde el primer momento los Beatles explicasen que eso era una tontería, una casualidad, una chorrada. Ya se sabe que cuando alguien te quiere acusar de algo, si se esfuerza, lo consigue. Lennon ha referido la misma historia mil veces. Un día Julian, de cuatro años, el hijo que tuvo con su primera esposa, Cynthia Powell, llegó a casa del colegio y, como tantos niños, quiso enseñarle a su papá el dibujo que acababa de hacer en clase. Se veía a una niña volando por el cielo entre un mar de estrellas que, para el joven vástago, eran diamantes. Julian aclaró que se trataba de su compañera de guardería Lucy O'Donell. Inspirado por esa idea, Lennon compuso exactamente eso, que Lucy estaba por el cielo con diamantes, como había dicho el niño. Si el dibujo hubiera sido Lucy por el suelo con gominolas, pues probablemente así se habría titulado la canción y, al no coincidir con LSD, pues nada habría pasado. O sí, que los censores, cuando hacen bien su trabajo, encuentran cualquier cosa para echarte la bronca.

La canción no se pudo radiar durante mucho tiempo por este motivo. Que Lennon dijese que no iba de drogas pues no valía de nada.

En ese mismo álbum, la BBC encontró otra canción que prohibir. Curiosamente, también era de Lennon. Es la que cierra el álbum y lleva por título «A Day In The Life». Que nadie se esfuerce en buscar coincidencias entre las iniciales y alguna clase de droga. El problema era sólo un verso.

Cuando la canción pasa de la primera parte a la segunda, lo hace a través de una locura musical en la que toda una orquesta sinfónica de 41 músicos dirigidos por Paul van desde una nota a otra (hablaremos sobre esto en el siguiente capítulo). Antes de que eso suceda, John canta, como desde un sueño muy profundo: «I'd love you turn you on…», verso que, por cierto, se le ocurrió a Paul. La traducción del versito podría ser: «me encantaría que te excitaras». En fin, es eso, sí. Motivo más que suficiente para que una de las mejores canciones de la historia no sonase, durante un tiempo, en la mojigata BBC. Les parecía una cosa como guarra.

Dos años más tarde, a Lennon, otra vez John, le llegará la última. El 31 de octubre de 1969 se publica el single «Something /Come Together» (el primer single de Harrison, por cierto, casi al final de su carrera como beatle). La canción de Lennon va a ser prohibida en muchas emisoras de radio porque en la canción se cita a la Coca Cola y, por lo tanto, va a ser considerada una forma de publicidad encubierta.

A Paul no le prohibieron nunca canciones. A nadie se le ocurrió pensar que quizás *Ob-La-Di, Ob-La-Da* podría ser un conjuro satánico. Pero a John sí. Tiene su lógica porque el letrista brillante era Lennon. Era un firme admirador de Lewis Carrol, el autor de *Alicia en el país de las maravillas* y, por lo tanto, adoraba los juegos de palabras. Lo que pasa es que a veces lo que le salía fastidioso no eran tanto los juegos de palabras como el hecho de ser demasiado literal.

En la hermosa y divertida «The Ballad Of John And Yoko» que Paul y él grabaron en su totalidad el 14 de abril de 1969 (ellos solitos, los otros no estaban, Lennon acababa de llegar de Gibraltar de casarse con Yoko y tenía prisa por grabarla; menos mal que por allí andaba George Martin para hacer de productor) hay un verso que hizo que, literalmente, lo crucificasen. Literal.

La canción cuenta, exactamente, los preparativos de la boda con Yoko. El *bed-in* por la paz en Amsterdam, el viaje a Gibraltar, la boda. Y en el estribillo, John canta:

> *«Christ, you know it ain't easy*
> *You know how hard it can be*
> *The way things are going*
> *They're gonna crucify me»*

Lo que canta es que «ellos van a crucificarme».
De nuevo, la referencia a Cristo es tomada literalmente.

Cuando es obvio que lo que está diciendo es que lo van a poner a parir por las campañas en favor de la paz, por casarse con Yoko…

Esa canción estuvo prohibida en España hasta bien entrada la democracia. Tanto que cuando se publicó el (raro) recopilatorio «Beatles Again», en España sale sin la canción… El peso de la Iglesia era, y todavía es, mucho.

Los Beatles tuvieron problemas con sus canciones, pero también con las portadas de algunos discos.

Al principio, en la Beatlemanía, era frecuente que a lo largo del año saliesen recopilatorios donde se incluían sus discos sencillos que, por lo general, no figuraban en los LP. El caos era considerable porque en Inglaterra salían de una manera y en los EE. UU. de otra, con portadas diferentes, nombres diferentes y selección de temas diferentes. Por eso resulta tan difícil (y tan caro) ser un coleccionista de la discografía de los Beatles.

En junio de 1966 se prepara para ser editado en los Estados Unidos un disco que llevará por título «The Beatles. Yesterday And Today» y que se nutría básicamente de temas de «Help!» y «Rubber Soul». Por aquel entonces las portadas solían ofrecer cándidas imágenes de los grupos en actitud amable y sonriente. En esta portada, los Beatles, sonreír, bueno, sí, sonreían, excepto Ringo que tiene una evidente cara de asco y de desear que aquella sesión de fotos se termine cuanto antes pues la foto consiste en ellos cuatro con mandilones blancos de carnicero, rodeados de trozos sanguinolentos de carne y cabezas de muñeco arrancadas del resto del cuerpo. Todo muy gore y desde luego, algo inaceptable para la Capitol, editora musical de los Beatles en América y que sólo cedieron porque Paul se puso cabezón y dijo que naranjas de la China y que el disco salía así o nada.

La foto fue obra de Robert Whitaker y fue tomada el 25 de marzo de 1966.

Paul, decimos, se puso gallito, exigiendo que saliese así. Y salió.

Pero duró muy poquito.

Se montó una enorme polémica, sobre todo porque nadie entendía nada. Y tiene su lógica. Si el disco se hubiese titulado, yo qué sé, «Peludos asesinos», pues tendría un pase. Pero el disco se titulaba «Yesterday And Today», y, aparte de lo desagradable que podía ser la imagen con tanta sangre, tanta carne y tantos niños decapitados, lo cierto es que no había relación alguna entre la imagen escogida y el título del disco.

La Capitol mandó retirar alrededor de 750.000 copias a las que hubo que pegarles una imagen modosita de los Beatles sentados en actitud angelical por encima. Esa nueva versión, más digerible, llegó a las tiendas el 20 de junio de 1966.

La foto original, la censurada, como decimos, fue obra de Robert Whitaker uno de los fotógrafos, con Robert Freeman, que más trabajaron con los Beatles a lo largo de los años. Los discos que circulan en las webs de ventas de objetos para coleccionistas, con esa portada, cuestan un pastizal.

John Lennon, por su parte, todavía en activo con los Beatles, publicará en 1968 un disco con Yoko Ono titulado «Two Virgins». De la música que hay ahí no se acuerda nadie. De lo que nos acordamos es del desnudo frontal (y posterior) de la pareja frente a la cámara, como Dios los trajo al mundo. Para mucha gente esa portada era indecente por lo que, para evitar problemas, en muchas tiendas del Reino Unido se vendía con una tela marrón a modo de protección. Tela que era arrancada ya en la misma tienda por los fans. Sin embargo, en los Estados Unidos, cómo no, concretamente en Nueva Jersey, el 3 de enero de 1969, un juez decreta el secuestro de las treinta mil copias que la policía fue capaz de conseguir.

Lo dicho: en la vida *beatle* no todo era una fiesta.

UNA ORQUESTA SINFÓNICA Y UNA NARIZ DE PAYASO

Los Beatles fueron innovadores a muchos niveles. Con ellos cambió la manera de grabar discos para siempre. Entre otras cosas, porque nunca le hicieron ascos a meter en el estudio de grabación a otros músicos que mejorasen sus canciones. Lo hicieron con «Yesterday», como ya hemos explicado. Y George Martin ya había tocado en muchos temas antes instrumentos que ellos ni sabían que existían. Por algo era un señor con formación musical clásica. Eric Clapton se pasó por el estudio para hacer el solo de «While My Guitar Gently Weeps» y Billy Preston tocó en algunas de las canciones del «Let It Be» (le dedicaremos un capítulo a Preston más adelante).

El punto álgido, en todos los sentidos (y los que conozcan la canción desde luego que ya habrán entendido por qué digo eso de «punto álgido») llega cuando le dicen a George Martin que quieren meter una orquesta sinfónica para «A Day In The Life». Paul siempre ha sostenido que la idea se le ocurrió a él. Pero John siempre ha sostenido que la idea fue suya.

George Martin, señala que John le dijo:

«Lo que me gustaría oír es un tremendo *crescendo* que partiera de la nada para llegar a algo que fuera como el fin del mundo[34]».

Podemos imaginarnos la cara de susto que se le quedaría al legendario productor al escuchar eso que al parecer había que conseguir, y que sólo se podía conseguir con una orquesta sinfónica, porque, además de garantizar que el sonido fuese bueno, Martin tenía que intentar minimizar los gastos de la producción y, claro, meter allí una orquesta sinfónica les iba a salir en un pico. Pero, en fin, eran los Beatles en lo más alto de sus carreras y, literalmente, se les consentía absolutamente todo.

Así que contrató una orquesta sinfónica de 41 músicos. En realidad, el sabio productor hizo un «ni para ti ni para mí» y citó sólo a la mitad de una orquesta sinfónica. Citados en Abbey Road, serían dirigidos por Paul McCartney.

Y ahí empezaron los problemas.

---

34   En el libro citado de Guesdon y Margotin, pág. 406.

No porque Paul los dirigiese, sino porque un músico necesita una partitura.

Algunos se fueron a quejar a Martin porque lo que el tal Paul ese quería era que empezasen a tocar en una nota determinada y que fuesen subiendo poco a poco hasta llegar a otra. Incluso una idea tan aparentemente estúpida podría estar reflejada en la partitura. ¡Un músico clásico toca con partitura!

Martin tuvo que tirar de mano izquierda para tranquilizar los ánimos. A Paul (contexto: estamos en pleno viaje lisérgico colectivo) no se le ocurre otra cosa, para, también, calmar los ánimos, que traer narices de payaso, tetas de plástico, manos de gorila, para todos ellos. Algunos se niegan en redondo a tocar en esas condiciones (sin partitura, lo de la nariz de payaso ya ni se contempla). Otros, en fin, son los Beatles, igual sale algo bueno de aquí.

Así lo cuenta el propio Martin en su libro:

«Cuando llegó el momento de la grabación yo iba contando los compases en voz alta conforme los músicos avanzaban de tal modo que supieran que, cuando llegaban al sexto compás, deberían estar en la bemol, o lo que fuera. Tras haberles dado la partitura tuve que explicarles como ejecutarla. No obstante, las instrucciones dadas les dejaron perplejos. Aquí teníamos a una orquesta de altos vuelos a la que maestros les habían inculcado toda la vida que debían tocar como una unidad coherente. Les dije que la clave para esta ocasión residía en ¡*no* tocar como el compañero que tenían al lado! "Si escuchas al que está junto a ti", les dije, "y te das cuenta que estás en la misma nota, estás tocando la nota equivocada. Quiero que cada uno vaya a su aire y que se despreocupe de todo lo demás; que cada uno cree su propio sonido". Se rieron; la mitad de ellos pensaron que estábamos totalmente locos y la otra mitad lo tomó como una buena broma[35]».

John para facilitar (o complicar todavía más el asunto), dice:

«Vamos a bajar la luz; así nadie verá si el de al lado toca en falso[36]».

En otro momento de su libro, George Martin nos da la clave gracias a la cual consiguió poner orden allí porque, realmente, la mitad de los músicos pensaba que estaban de coña.

«Durante el curso de mi carrera había trabajado de una manera o de otra con los cuarenta y un músicos que usamos aquella noche (todos eran hombres, las mujeres en aquel entonces no tenían acceso al mundo de la música clásica británica), o había mantenido relación con ellos por otros motivos (…) ¡Conocer a todos tan bien contribuyó decididamente a afrontar con mayor calma esta particular ocasión![37]».

En fin, a base de mano izquierda, buen rollito personal recordando batallitas pasadas y todas esas cosas, George Martin consigue que entiendan que no es una broma, que la cosa va en serio y que de lo que se trata es de crear una explosión sonora partiendo de una nota muy baja hasta la más alta que puedan dar en seis compases de duración. Es un lío, vale, pero se puede hacer. Algunos, por fin, se colocan la nariz de payaso. Las tetas no. Las manos de gorila, casi que tampoco, que hacen difícil tocar.

—¿Durante cuánto tiempo vamos subiendo la nota? —pregunta alguien.

---

35   En el libro citado de Martin, pág. 82.
36   En el citado libro de Guesdon y Margotin, pág. 406.
37   En el libro citado de Martin, pág. 83.

El asunto es que Mal Evans, uno de los ayudantes eternos del grupo desde los tiempos de The Cavern, tendrá un despertador que sonará justo cuando terminen los compases que ellos debían tocar y que George Martin irá contando en alto. Así que la respuesta de Paul no podía ser otra:

—Hasta que suene el despertador.

Sin partitura.

Narices de payaso, tetas de plástico y manos de gorila.

Un señor que cuenta en alto, otro atento a un reloj despertador.

¿Qué puede salir mal?

Nada salió mal.

Klaus Voormann, el bajista de los Manfred Mann y amigo de los Beatles desde los tiempos de Hamburgo, recuerda esto:

«Mientras tocaba la orquesta se nos puso la carne de gallina. Cuando más avanzaban en el *crescendo*, más se movían y, animados por John y Paul, se fueron levantando uno detrás de otro bajo la dirección frenética de Martin. Todos se fijaban en George esperando la señal del final[38]».

En YouTube está el vídeo del día de la grabación que recoge bastante bien lo que tuvo de loca aquella sesión a la que fueron invitados músicos como los Rolling, Donovan, Graham Nash o el citado Klaus Voormann. Creo que es, sobre todo, el reflejo de un momento: los años 60, la locura lisérgica, la creatividad desbordada.

Aquel momento en el que Todo Era Posible.

---

38   En el clibro citado de Guesdon y Margotin, pág. 406

FRANK SINATRA Y GEORGE HARRISON

Hay una anécdota muy divertida que contaba George Harrison (el único de los Beatles capaz de tomarse algo como lo que vamos a contar a risa; John habría roto algo, Paul se habría deprimido) sobre Frank Sinatra. George contaba que una vez había ido a Las Vegas a escuchar a Frank Sinatra. De incógnito, como siempre tenían que ir los Beatles a todas partes, se sentó entre el público para disfrutar del concierto. En un determinado momento, Frankie habla al público:

—Y ahora les voy a cantar mi canción favorita de Lennon y McCartney —el público aplaude, George atiende. —Es la canción de amor más maravillosa que se haya escrito nunca —el público contiene la respiración—. ¡La maravillosa «Something»!

Todos los libros que se han escrito sobre Sinatra señalan que esta canción DE GEORGE HARRISON era su balada favorita. Sin embargo, él estaba convencido de que era de John y de Paul. Muy probablemente Sinatra, como tantísima gente en los 60 en adelante, estaban convencidos de que toda la música de los Beatles era obra de esos dos. Pero no, resulta que no era así. Que hay mucha música, y muy buena, de Harrison en la discografía de los Beatles. Mucha.

Sobre «Something» George escribió:

«Compuse *Something* al piano mientras grabábamos el Álbum Blanco. Me tomé un descanso cuando Paul estaba haciendo algunas sobregrabaciones, entré en un estudio vacío y comencé a componer. En realidad, no hay nada más que decir al respecto, salvo que me costó un poco resolver la parte del medio. No entró en el Álbum Blanco porque ya habíamos terminado todas las pistas. Se la di a Joe Cocker un año antes de que yo la grabara.

GEORGE HARRISON
ALL THINGS MUST PASS

Es probable que tenga un rango de cinco notas que encaja muy bien con la mayoría de los cantantes. Supongo que es mi canción más conocida, puesto que se hicieron más de ciento cincuenta versiones. Mi favorita es la de James Brown, que es excelente. Cuando la compuse, en mi mente oía a Ray Charles cantándola y años después él la grabó. También me gusta la versión de Smokey Robinson[39]».

De alguna manera se ha instalado en el inconsciente colectivo que «los buenos» del cuarteto eran esos dos y que los otros dos eran resultones, eficientes y, qué caray, buenos chicos, pero que el grupo hubiera sido igual de grande sin ellos. Ya sabemos que no. Que los Beatles fueron lo que fueron por lo que conseguían hacer cuando estaban los cuatro juntos. De hecho, por separado hicieron cosas buenas, pero nunca llegaron a esa altura.

Eso que pensaba mucha gente probablemente también

---

39   En el libro citado de Harrison, pág. 150.

lo pensaban John y Paul, aunque fuese de una manera inconsciente porque, a pesar de que George proponía composiciones para que los Beatles las grabasen, raramente Lennon y McCartney accedían, convirtiéndose ambos, *de facto*, en una especie de tapón que impedía que hubiese más de una o dos canciones de Harrison en cada disco. George tenía, pues, una especie de «cuota» y ellos, los otros dos, entendían que ya le llegaba con esa canción o dos suyas por disco. Pero no. A un artista eso nunca le llega. Un artista de verdad, y George lo era, no podía aceptar eso. Y sobre todo un artista que, en aquel momento, estaba en plena ebullición. Justo cuando el grupo se está haciendo pedazos es cuando George está en su mejor momento creativo.

Curiosamente, a pesar de que los dos jefazos adoptaran siempre con él esa actitud paternalista y, en el fondo, represora, sí es cierto que George tenía una enorme influencia sobre ellos. Se los llevó a la India a meditar, por ejemplo, apartándolos del mundo loco en el que vivían. Los Beatles empiezan a tomar conciencia de ciertas cosas porque George, el más joven y callado, pero también el más curioso por el mundo, los arrastra.

Y también musicalmente. Porque George mete un día un sitar, otro día una guitarra de doce cuerdas, otro, instala en el estudio un melotrón. Y será el primero en tener su propio estudio en su casa, que pronto se convertirá en el lugar en el que los Beatles ensayan sus nuevos temas antes de entrar en el estudio.

Sobre esto, señala Marcos Gendre, especialista en la obra de los Beatles:

«Harrison sabía que era un actor secundario pero se encontraba (se refiere a la época de «Rubber Soul») en pleno proceso de autodescubrimiento, alguien que empujó a

Lennon y McCartney a ir más lejos en sus pesquisas por dotar de nuevos significantes a su gramática pop. Tales necesidades expresivas habrían ocurrido, igualmente, sin Harrison; pero sí que es cierto que su sombra tuvo un efecto motivacional e, incluso, llegó a influir, sobre todo a Lennon, en su búsqueda de renovados filtros catalizadores de electricidad[40]».

Cuando los Beatles se separan, George, pues, explota, se muestra grande, creativo, brillante. Lo hace, publicando el primer disco triple de la historia, el prodigioso «All Things Must Pass». Este disco hay que escucharlo en clave de que ahí están muchas canciones que Lennon y McCartney rechazaron. Y eran buenas. No hay, en ese disco, una sola canción mala.

Todos se preguntaban, ya lo dijimos antes, quién sería el primero de los Beatles en triunfar en solitario. ¿Será John?, ¿será Paul? Pues no. Fue George. Los otros también, claro, con discos correctos. El de George es simplemente (tres veces) sublime.

El triple disco salió el 27 de noviembre de 1970, o sea, todavía el planeta no ha dejado de temblar por la separación de los Beatles. George le entrega al mundo una muestra de su creatividad que en realidad es un grito: soy muy bueno, pero en ese grupo al que todos lloráis no me hacían ni caso.

Los periodistas, voraces, se abalanzan sobre Paul y John. Quieren saber qué les ha parecido el disco de George:

PAUL: Uy, no sé qué deciros, todavía no he tenido tiempo de escucharlo.

JOHN: Está bien, sí, pero es muy largo.

Respuestas soberbias (no de geniales, de señores soberbios) de dos que se sabían adelantados por el pequeñín

---

40   Gendre, Marcos: The Beatles. *Rubber soul: kilómetro 0*, Quarentena Ediciones, Barcelona, 2015, pág. 98.

de la clase, por el chavalito que en el patio siempre está en la esquina callado comiendo el bocadillo y que parece que nunca va a meter un gol.

Pues George les metió un gol.

Y por toda la escuadra.

Lo cierto es que George les había ganado, y de largo, esa primera carrera a sus dos compinches. Y lo volverá a hacer muchos años más tarde, cuando John es asesinado en diciembre de 1980. Paul compone, roto de dolor, una canción para John. El mundo, de hecho, espera esa canción. Pero Harrison se adelanta y publica la deliciosa «All Those Years Ago», en homenaje a John. Paul se queda estupefacto y no publicará jamás la canción que había compuesto para Lennon. ¿No era lo suficientemente buena? Sí, sí que lo era (empezó a circular por la red en agosto de 2021, autorizada por McCartney), pero Paul no podía arriesgarse a no ser número 1 porque George arrasó con la canción y fue número 1 en todas partes.

El triple disco, con algunos temas que podrían haber sido *beatle*, nace de un viaje a Woodstock para pasar un tiempo con The Band y con el que fue otro de sus grandes amigos durante toda la vida: Bob Dylan. George toca con todos ellos. Se pasa por allí su también gran amigo Eric Clapton (tan cansado de la fama, las giras y los discos como George) y recupera el placer por hacer música. Se da cuenta de que las sesiones no tienen por qué ser broncas, que no hay por qué competir todo el tiempo con los demás. Así recordaba él las sesiones de trabajo con los Beatles, en especial desde el 68 y aquel suplicio que fue hacer el Álbum Blanco. Frente al desdén con el que eran recibidas sus canciones por Paul y John, George encuentra una gente que apuesta por el placer de hacer música sin más y que valora sus composiciones.

Para hacer el disco recurre a Phil Spector, el productor que había sido capaz de hacer algo con las canciones de «Let It Be», el único de los discos en los que no trabajaron con George Martin (dedicaremos a Spector un capítulo más adelante). Se rodeará, para grabar, de muchos amigos. Por allí estará el ya citado Eric Clapton, Klaus Voormann (amigo desde los tiempos lejanos de Hamburgo), Billy Preston (a quien también había conocido en Alemania y que había tocado con los Beatles en el «Let It Be») o Peter Frampton entre otros muchos. Y Ringo, claro, que también deja su saber a la percusión en algunos temas.

El disco sale y va de cabecita al número uno de todas las listas de Estados Unidos. Y aguanta ahí siete semanas. Un éxito sólo al alcance de un Beatle.

Así pues, luego de todos aquellos años de angustia y dolor por la actitud de Paul y John, George es de nuevo feliz haciendo música. Antes de que los Beatles se separasen él ya estaba mentalmente en otro sitio. Quemadísimo, sólo quería que aquello se acabase cuanto antes. Si alguien sintió alivio con la ruptura del grupo, ese fue Harrison. Ese alivio le lleva a ofrecernos un disco delicado con un sonido elegante que incluso medio siglo después conmueve y sorprende. E, insistimos, es un disco que sale después de dos años de trabajo, es decir, escrito durante dos años en los que *él es un Beatle*, presenta algunas de las canciones (trabajan de hecho sobre algunas de ellas, como la propia «All thing must pass», que se la presentó a los otros el día en el que cumplía 26 años, o sea, el 25 de febrero de 1969) pero nunca recibe la aprobación para que se conviertan en disco.

En el último disco grabado, el grande «Abbey Road», a puntito de romperse para siempre el grupo, mete «Something» (ya sabéis, la balada favorita de Sinatra) y

«Here Comes The Sun». El nivel de George como compositor en ese momento es ese. Pero el ego de los otros dos es
demasiado grande como para darle aire al benjamín del
grupo.

«All Things Must Pass» es un disco placentero porque
fue escrito por un hombre que, después de mil tormen-
tos, era capaz de sentir placer haciendo música. Y eso se
nota. Escribe sin pensar en el negocio. Escribe sin presión.
Escribe porque tiene algo que contar.

Y le salen temas como «My Sweet Lord», »Wah-Wah»
o «What's Is Life». Ninguna de estas tres se las presentó a
Lennon y McCartney. Ya sabía la respuesta. Cuando les tocó
«While My Guitar Gently Weeps», para el Álbum Blanco, no
le hicieron mucho caso. Desde luego, es la canción mejor, para
mí, de todo el doble LP. Pero Lennon y McCartney están a lo
suyo. George, no cuenta.

Esas canciones las graba, el triple álbum entero, casi
de un tirón, desde mayo del 70, como dijimos, es decir,
semanas después de la disolución de los Beatles, y le lleva
cinco meses de frenética y feliz actividad completarlo. De
hecho, ya estaba trabajando de alguna manera sin ellos
al final de la carrera de los Beatles. En el soberbio «Here
comes the sun», George, que compuso la canción mientras
paseaba por el jardín de Eric Clapton, toca, en el disco, todas
las muchísimas guitarras que se escuchan en la canción, el
armonio, bate las palmas, canta solo (excepto un pequeñí-
simo contrapunto de Paul). Lo hace todo excepto la batería
de Ringo y el bajo de Paul que son, literalmente, músicos
acompañantes. A Lennon ni se le llamó para esa canción.
Y está Martin, claro, que le hizo la partitura para la parte
orquestal.

Sobre Lennon y su ausencia en esa grabación, y en otras muchas, señala Geoff Emerick:

«El comportamiento de John era muy raro, y su implicación en todas las sesiones de *Abbey Road* iba a ser esporádica. La mayor parte del tiempo, si no estábamos trabajando en una de sus canciones, no parecía interesado en absoluto[41]».

Publicado «All Things Must Pass» y triunfando en todo el mundo, podemos imaginarlo al ver las colas en las tiendas de discos para comprarlo. Sonriendo debajo de su sombrero y pensando: «hala, ahí queda eso».

Hanif Kureishi, a quien Paul y Ringo, los dos supervivientes a la altura de 2021, encargaron el prólogo al libro *Get Back*, lo explica a la perfección:

«A su regreso a Gran Bretaña (se refiere al momento en el que los Beatles comienzan con el proyecto *Get Back* que luego se transformará en el álbum «Let It Be»), a Harrison no le gustaban los cavernosos e inhóspitos estudios Twickenham. Algo había empezado a cambiar en él. Él y Dylan habían trabajado juntos como iguales. Con Lennon y McCartney siempre había sido el hermano pequeño. Durante toda la adolescencia y al principio de la mayoría de edad se había escondido tras esta doble flor, donde estaba protegido, pero también era pasado por alto. George tenía, después de todo, dos hermanos mayores. Ser el pequeño era algo natural para él. En algunas relaciones puedes querer disfrazar o esconder tu talento porque amenaza a otros. Pero terminó siendo una infancia que tenía que dejar atrás. El hijo, ciertamente, estaba llegando[42]».

---

41   En el libro citado de Emerick, pág. 299.
42   En el libro citado de The Beatles, pág. 18.

¿DE QUIÉN ES ESTE DISCO?

Los Beatles revolucionaron hasta por tres veces el concepto de portada de discos que imperaba hasta la época, sobre todo cuando hicieron la de «Abbey Road», su último álbum de estudio aunque, por cosas de lo raros que eran aquellos días, salió antes que «Let It Be», que se había grabado anteriormente. Lo normal, también para los Beatles, es que las portadas de los LPs recogiesen una imagen del grupo, un posado con más o menos estilo. Así va a ser hasta la primera de las revoluciones: la magnífica portada del «Sgt. Pepper's Lonely Hearts Club Band» (más adelante nos centraremos en ella). Esa portada las cambió todas, las de toda la industria musical, para siempre. Además, fue la primera vez que se incluían las letras de las canciones. Después de ellos, todos entendieron que ese era un valor a tener en cuenta a la hora de publicar el disco.

Pero no vamos a hablar de esa portada.

Revolucionaron todo una segunda vez cuando entregaron el doble álbum titulado «The Beatles» pero que, en realidad, pronto pasó a ser conocido por todo el mundo como «The White Album» porque, en efecto, en la portada no había nada. Sólo una gran masa blanca y, en relieve, el nombre del grupo.

Pero tampoco vamos a hablar de esa portada.

La que nos interesa es la tercera. La del último disco grabado (y penúltimo publicado). El soberbio «Abbey Road».

Todos conocemos la portada: los cuatro cruzando el paso de peatones que está al lado de los estudios de grabación de Abbey Road. John delante, vestido de blanco impoluto. Le sigue Ringo, de negro. Detrás, el único afeitado y fumando y descalzo, Paul. Cierra la procesión George Harrison, barbado y de ropa vaquera. El diseño de la ropa era de Tommy Nuter. Todos en traje menos George.

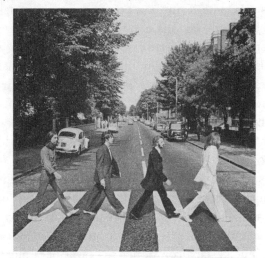

Por culpa de esa foto, todos los que vamos a Londres reservamos una mañana o una tarde para cruzar el famoso paso de peatones mientras nos hacemos la foto. El autor de este libro confiesa que ha ido mil veces a Londres y siempre hace allí una parada. He cruzado ese paso de cebra, descalzo (y lloviendo) unas cuantas veces. Y lo seguiré haciendo cada vez que vaya allí. No soy nada original. Lo hacen todos los Beatlemaníacos que van hasta esa Meca. Cruzamos el paso de cebra y escribimos algo en la enorme pared blanca de los estudios de Abbey Road. Es un ritual que hacemos a lo largo del año cientos de miles de personas. No hacemos mal a nadie, excepto a los pobres automovilistas a los que no les queda más remedio que pasar por allí y tienen, irremediablemente, que parar el coche para que los fans nos hagamos la fotito dichosa.

La portada es toda una revolución por muchos motivos. Para empezar, no sale el nombre del grupo. No dice que es un disco de The Beatles por ninguna parte. Los vemos a ellos. Es suficiente. Tampoco, por cierto, el título del disco. en «Rubber Soul» no salía el nombre de los Beatles, pero sí el nombre del disco. En este caso, con «Abbey Road» van un paso más allá y no ponen el nombre ni del grupo ni del disco. Por detrás sí, pero en la portada, no. Nada. Sólo cuatro tipos cruzando un paso de cebra.

Cuando EMI, la casa discográfica de los Beatles, supo de las intenciones del grupo, intentaron convencerlos para que se lo pensasen. ¿Cómo va a salir un disco y no decir de quién es ni cómo se llama? Imaginemos que se publica un libro sin el nombre de su autor. ¿No resulta absurdo?

El disco salió así, sin el nombre del grupo en la portada. Lo que se quiere decir es que eran tan abrumadoramente famosos que bastaba con poner sus caras para que todo el mundo supiese de quién era aquel trabajo discográfico.

Construyeron, además, con su figura cruzando el paso de peatones, un icono que ha sido repetido hasta la saciedad en otros discos, libros, publicidad, dibujos animados…

Sobre la portada hay mucho que contar.

Los Beatles tenían muy claro que era la última vez que iban a trabajar juntos. Por eso se esforzaron tanto en hacer un buen disco. Paul le había casi suplicado a Martin que produjese un nuevo disco. Ellos venían de trabajar en el desastroso proyecto «Get Back» (después sería el LP «Let It Be»). Lo que iba a ser una vuelta a los orígenes con ese disco, terminó siendo un viaje hasta el infierno que, en vez de unirlos, los separó para siempre. Lennon, de hecho, se refirió a aquellas sesiones de grabación como «las más tristes de la tierra», Harrison, «la depresión más grande» y McCartney como «muy lamentables». Tan terrible era la situación que George Martin, el eterno hombre paciente que se había ocupado de ellos desde el principio, se bajó del proyecto y se fue.

Conscientes de que la historia terminaba, decidieron hacer un disco a lo grande, realmente bueno. Para el autor de este libro, «Abbey Road» es su disco favorito, sobre todo la cara B.

Martin dijo que sí, que lo haría (a esas alturas ya estaba desvinculado de todo de EMI, pero aceptaría entrar allí por ellos) pero con una condición: nada de malos rollos, nada de discusiones, ambiente tranquilo y profesional. Los cuatro juraron que sí e hicieron lo que pudieron. Hubo tensiones pero, en líneas generales, fueron obedientes y se comportaron. Era el final. Por algo la última canción del disco se titula «The End».

En la portada, se les ve caminando de izquierda a derecha. No es casual. No es que sea la mejor de las seis fotos que Iain McMillan les tomó aquella soleada mañana del 8 de agosto de 1969 subido a una escalera plegable. La sesión duró 10 minutos, con los Beatles cruzando de un lado a otro de la calle. Hacía calor. Así que McCartney se descalzó las sandalias que llevaba. La policía, claro, cortó el tráfico. Eran los Beatles. Si ellos quieren parar el tráfico, pues se para. Decimos: los Beatles aparecen caminando de izquierda a derecha. Esa fue la elegida por Paul, quien más se implicaba siempre en las portadas de los discos (la del Sgt Pepper's fue también idea suya). Lo que quieren dejar claro es que se están marchando del estudio. Que lo están abandonando. Que no volverán a trabajar, juntos, jamás.

Que se acabó.

RARITIES...

En un capítulo anterior, cuando contábamos cómo Paul había apostado por ser él el guitarra solista (pero se hizo un churro en la primera actuación y ya no lo fue más, en beneficio de George), decíamos que en los grupos de rock and roll mola mucho ser el que se ocupa de esos menesteres porque, aunque se forme parte de un grupo, el guitarra solista puede lucirse prácticamente en cada canción. Porque prácticamente en cada canción hay un solo. El que toca la rítmica o el bajo poco puede hacer en solitario. Pero el guitarra solista sí. Y el batería, también.

Sin duda, el más famoso solo de batería de todos los tiempos es el del batería de Deep Purple, Ian Paice, durante el doble en directo titulado *Made in Japan*. Largo y brutal. Con los años se supo que el buen muchacho estaba haciendo tiempo porque había un problema eléctrico. No fue algo premeditado, pero salió bien.

En los grupos de antaño, había un momento en el que el batería podía hacer su solo. Hoy ya no se estila, pero antes sí. Era Su Momento Estelar. Y Ringo, cuando tocaba con el grupo justamente anterior a su incorporación a los Beatles como sustituto de Pete Best, tenía su momento con Rory Storm and the Hurricanes aunque, en realidad, odiaba los solos de batería. Así se lo dijo a los otros tres cuando lo llamaron al grupo para sustituir a Pete Best. Quizás por eso no hay ningún disco de los Beatles con un solo de Ringo... hasta el último disco. Tuvo que ser en «Abbey Road», en una de las últimas grabaciones del grupo, cuando Ringo tendría su momento solista. Ya había protagonizado canciones en cada disco, sí. John y Paul hacían una canción sólo para que Ringo la cantase y, de hecho, algunas de las más conocidas como «With A Little Help From My Friends» o «Yellow Submarine», verdaderos himnos beatle, fueron cantadas por Starr. Pero a la batería ese protagonismo no se deja ver hasta el final y durante el desarrollo de la canción titulada «The End» que ya hemos citado aquí antes.

En esa canción hay un solo, maravilloso, frenético, irrepetible, de George, Paul y John con las guitarras. Es una especie de combate de seis cuerdas entre los tres, rocanroleando como lo que eran, tres grandes prodigios del rock and roll. Pero antes, el solo de Ringo.

Es, por lo tanto, una canción de despedida, con conciencia de que se estaban despidiendo, en la que cantan juntos, se despiden juntos, cada uno toca una parte y después, chao, ahí queda eso.

Es importante tener en cuenta que a Ringo, como dijimos, le horrorizaban los solos de batería y que, según cuenta la leyenda, en el momento en el que se le informó de que tendría que hacerlo en ese tema, ya que los otros tres también tendrían el suyo, vomitó un expeditivo:

—¡No quiero hacer un puto solo de batería!

Pues aún sin querer hacerlo, su solo es uno de los momentos más brillantes del disco. Como en tantas otras ocasiones, George Martin, el maestro con mano izquierda, fue quien lo convenció y estuvo a su lado, contando en voz alta, para que Ringo completase los 13 compases de su «actuación» correctamente, dirigiéndolo, acompañándolo y marcándole el ritmo.

En entrevistas posteriores, andando los años y viendo todo con algo más de distancia, Ringo ha reconocido en multitud de ocasiones que está contento de que se grabase ese solo a pesar de lo mal que lo pasó haciéndolo y de lo nervioso que estuvo durante muchos días ante la perspectiva de tener que grabar algo así.

Para grabar la canción, hubo que hacer siete tomas de «The End». En cada una de ellas, por cierto, el solo de Ringo es diferente, lo que da la medida de su alta calidad como percusionista. Siempre de 13 compases, pero diferente. La que se tomó para la grabación final fue la séptima. Por supuesto, no falló ni una sola vez. Geoff Emerick, que trabajó como ingeniero de sonido durante muchísimos años al lado de George Martin y del que nos ocuparemos en el capítulo siguiente, ha señalado muchas veces que cuando había que parar una grabación siempre era porque o Paul, o John o George se equivocaban. Ringo, nunca. Ni siquiera cuando hizo su solo.

TODO BUEN CABALLERO NECESITA
UN BUEN ESCUDERO

Le hemos dedicado unas cuantas páginas a George Martin. Le hemos otorgado el título de 5º Beatle más que merecidamente porque Martin era quien podía «escuchar» en su cabeza las canciones de los Beatles tal y como sonarían más tarde y el único que podía mejorarlas, cambiarlas, exprimirlas y, en definitiva, materializarlas. No creo que ni una sola vez no se atendiesen sus sugerencias. Los Beatles le reconocían una autoridad fuera de toda duda.

Pero para poder ejecutar todo aquello, era necesario que alguien uniese cintas, pusiese un trapito aquí o allá para amortiguar una batería, investigase en qué ángulos iban mejor los micrófonos, empalmase cables para poder registrar ese eco que hacía tal guitarra al reverberar, alguien que consiguiese que una batería sonase a través de un amplificador de guitarra… Y ese era Geoff Emerick. La mano derecha de Martin. El que siempre estaba ahí para que lo que ellos soñaban y Martin entendía que era viable, que se podía hacer.

Fallecido de un ataque al corazón a los 72 años el 10 de febrero de 2018, desarrolló casi toda su vida profesional en EMI (luego, como Martin, se desvincularía de la compañía para trabajar como *free lance* para los grupos que lo reclamaban, que fueron muchos y muy grandes).

Trabajó con los Beatles desde el primer día, pero como Ingeniero de Sonido responsable, a los mandos de la consola, con todo el poder, nada más y nada menos que con «Revolver», es decir, en el inicio de la etapa experimental de los de Liverpool. Antes, las grabaciones eran más sencillas. Muchísimo más. Antes las grabaciones eran casi directos en el estudio, se tocaba y cantaba al mismo tiempo que se realizaba la grabación. Luego, si acaso, se añaden coros, unas palmas, tal instrumento distinto a las guitarras, bajo y batería que eran los ingredientes musicales básicos de la banda. Pero eran grabaciones simples. Como mucho, había que conseguir que la «cámara de eco» de EMI (toda una «marca de la casa» de los estudios londinenses) funcionase como es debido.

A Geoff lo ponen desde el primer día, casi un niño, a trabajar con los Beatles. Lo hizo con nota y llevándose las felicitaciones de todos ellos después de cada trabajo. Porque a los Beatles ya no les valía que los grabasen, digamos, lo que tocaban. Ahora estaban dispuestos a jugar en serio y que se grabase lo que a ellos les sonaba en la cabeza, se hubiese hecho antes o no... pudiese hacerse o no. Ese no era su problema sino el problema de Martin y Emerick, La consigna era ser arriesgados. Y en aquella época, todos, los seis, John, Paul, George, Ringo, Emercick y Martin, lo eran.

Así lo explica el propio Emerick en su libro de memorias sobre aquellos años:

«Otra característica del *Sgt. Pepper* fue que los Beatles empezaban a estar hartos de usar siempre la misma instrumentación. Querían avanzar y se sentían cada vez más frustrados con la vieja formación de dos guitarras, bajo y batería. Estaban ansiosos por introducir nuevas tonalidades, el piano de Paul se hizo mucho más prominente, y utilizaban cada vez más el órgano y el Mellotron, así como el espectro completo de instrumentos sinfónicos con los que George Martin estaba tan familiarizado. También pasamos un montón de cosas por el Leslie (no sólo voces, sino también guitarras y pianos), y utilizamos mucho el variador de velocidad de cinta y otras técnicas de manipulación[43]».

Era casi un adolescente cuando empezó a trabajar con los Beatles.

Concretamente, el primer día de su trabajo en EMI tenía 15 años y 9 meses. Ni siquiera 16.

Y el segundo día, le toca trabajar con los Beatles...

Geoff no era todavía un hombre, desde luego. Pero se hizo dueño de los mandos de la mesa de grabación con una seguridad impresionante, como si llevase mil años haciéndolo.

Aquel día los Beatles, como él, estaban a prueba en EMI, con George Martin. Y el ayudante asignado a aquella sesión va a ser Geoff.

Ninguno de ellos, ni los Beatles, ni George Martin, ni el propio Emerick, eran capaces de imaginar lo que iban a hacer juntos en los años siguientes.

---

43   En el libro citado de Emerick, pág 209.

Luego, con ellos convertidos en Todo, se hizo compañero imprescindible para ellos y para otros muchos grandes grupos que vinieron después. Recurrieron a él formaciones míticas como The Hollies o Manfred Mann. También lo hizo Paul McCartney (en su época con Wings) para el no menos mítico «Band On The Run» (se decía que este trabajo estaba a la altura del «Sgt. Pepper's»... pero no, quien tal dice, exagera). Le dieron por este disco un Grammy. Pero también pasaron por sus manos Elvis Costello (otro compinche de Paul), Badfinger (compinches de George), Art Garfunkel, America, Supertramp, Ultravox...

Dejó recogido todo su saber y todas sus experiencias de tantos años con los de Liverpool en su libro *El sonido de los Beatles. Memorias de su ingeniero de grabación*, apasionante texto en el que tenemos la sensación, leyéndolo, de estar allí, con él, al otro lado del cristal de la sala de grabación de Abbey Road, viviendo toda aquella locura creativa.

Si a George Martin se le ha hecho poca justicia, a Emerick muchísima menos. Mas, como ya hemos adelantado, sin él, nada habría sonado igual.

Bajo la tutela de George Martin terminaría llevándose tres premios Grammy por su trabajo con los Beatles (además del de Wings que antes citamos): en 1967 por «Sgt. Pepper's», al año siguiente por el Álbum Blanco y en el 69, con «Abbey Road». Para el primero tuvo que hacer, trabajando con una mesa de sólo 4 pistas, verdaderas maravillas que parecían directamente imposibles. Al tiempo, tuvo que integrar en la música, instrumentos que no habían sido grabados nunca en un disco de música rock. Con «Abbey Road», que suena a gloria, siempre fue muy crítico. ¡Decía que no sonaba bien!

Los genios, siempre tan exigentes...

Vale la pena reproducir un largo párrafo del libro de Mark Hertsgaard que ya hemos citado para entender las filigranas que, casi a diario, se veía obligado a hacer para grabar como los Beatles querían, «Yellow Submarine»:

«Los Beatles, ayudados por diversos asistentes y amigos, se pasaron doce horas completas dentro del Estudio Dos de Abbey Road el 1 de junio para producir estos efectos: arrastrando cadenas a través de cubas llenas de agua, gritando a través de cámaras de eco, soplando burbujas, dirigiendo una charanga tradicional y grabando versiones cada vez más bullangueras del coro de la canción. Después de reflexionar más sobriamente, la mayor parte de estos ruidos desaparecieron de la versión acabada, pero fue una tarea chiflada y divertida. Al final de la sesión, Mal Evans, el asistente de los Beatles, se ajustó un tambor bajo el pecho, todo el conjunto formó una conga detrás de él y marcharon a través del estudio, cantando *We all live in a yellow submarine*».

Y en el medio de toda esa locura, a los mandos de la consola, intentado recoger todo eso y que suene bien, un tal Geoff Emerick...

Era un ingenerio de grabación tan completo que a punto estuvo de tocar en una de las canciónes de los Beatles. Escuchémoslo en su propia voz:

«Con *Lovely Rita* se me presentó la posibilidad de hacer mi debut discográfico en un álbum de los Beatles, pero la timidez me perdió. Tras horas de intentar grabar un solo de guitarra de Harrison que en ningún momento llegó a funcionar, se quedaron encallados buscando alguna idea, y la frustración fue en aumento. Recuerdo perfectamente que yo estaba de pie en lo alto de las escaleras del Estudio 2 cuando Paul me gritó desde abajo:

—Geoff, dinos tú lo que tenemos que hacer con el solo.

Mi consejo fue que probaran algo con el piano. Para mi asombro, Paul replicó:

—¿Por qué no lo tocas tú?

Mi reacción instintiva (que lamentaré eternamente) fue rechazar la propuesta; sencillamente me daba demasiada vergüenza mostrar mis habilidades musicales. Paul se encogió de hombros e hizo un intento, pero seguía sin estar totalmente seguro de que fuera una buena idea, de modo que hizo que lo tocara George Martin en su lugar[44]».

El mejor ingeniero de grabación y, al parecer, solvente músico. Tanto como para que los Beatles le hubiesen ofrecido tocar en una de sus canciones.

Trabajó en EMI hasta la primavera de 1969. Se marchó de allí, como él dice, «sin grandes aspavientos», pero sí con un poso de malestar:

«A pesar de haber trabajado en algunos de los álbumes más vendidos de la historia, nadie nos dio las gracias, nadie nos dijo adiós. En realidad, nadie nos dijo nada[45]».

Fuera de EMI, seguirá trabajando… con los Beatles, en 1994 cuando los tres supervivientes se juntan para terminar dos canciones de John, «Free As A Bird» y «Real Love».

«Estaba trabajando en un proyecto con Paul a principios de 1994 cuando me comentó de pasada que Yoko le había entregado unas maquetas de John para que trabajara en ellas, y que había estado hablando con George y Ringo para terminarlas.

---

44   En el libro citado de Emerick, pág. 189.
45   En el libro citado de Emerick, pág. 289.

—Si el proyecto sigue adelante, me gustaría que fueras tú el ingeniero —me dijo.

Le contesté inmediatamente que sí».

¿Quién si no iba a ser el ingeniero de sonido en dos nuevos temas de los Beatles?

Tenía que ser aquel muchacho de menos de 16 años, 15 y nueve meses, que un día de 1962 empezó a trabajar en EMI en el mismo momento en el que los Beatles hacían una prueba para un tal George Martin.

El destino es así de genial y de caprichoso.

UNA ISLA PARA DESAPARECER

Los millonarios pueden hacer cosas que los que no lo somos no podemos hacer. Podemos soñarlo: si me toca la lotería me iré con mi chica a vivir a Nueva York… Pero la lotería nunca nos toca y no somos millonarios. Pero los Beatles lo eran. Y desde muy jóvenes. Eran millonarios y eran jóvenes y tenían muchas ideas brillantes… y otras francamente absurdas.

Una de ellas, en 1967 (el famoso verano del amor o del ácido, según se mire) fue una de esas especialmente absurdas.

Como ya explicamos al hablar de George Harrison y su cansancio, casi desde el primer momento, sobre el hecho de ser un beatle y por lo tanto por no tener vida privada, estar siempre rodeado de cámaras, de fans, de gente que quería pegarse a ellos, los Beatles hablaban muchas veces entre ellos sobre la posibilidad de irse de Londres a algún lugar muy lejano donde poder vivir más o menos en paz. Soñaron, por ejemplo, con hacerse con una aldea perdida por el interior de Inglaterra, donde habría cuatro casas. Una para cada uno. Lo que demuestra que, por lo menos en

1967, se llevaban tan bien que no les parecía descabellado vivir juntos. La idea, por supuesto, nunca se llevó a cabo. Pero lo tuvieron un tiempo en la cabeza. Los Beatles hacían esa clase de cosas. Un poco por impulso. Por ejemplo, durante la grabación del videoclip de «The Fool On The Hill», la canción que McCartney compuso para «Magical Mystery Tour», sin previo aviso, anunció que se iban a la costa francesa a grabarlo. Y tal cual: allí se plantaron. Paul ni documentación llevaba. Para entrar y salir del Reino Unido tampoco lo necesitaba. Los Beatles eran, en aquel momento, parte de la realeza. Pero en Francia las cosas fueron distintas. Grabaron el vídeo (en realidad, podría haberse grabado perfectamente en el Reino Unido, pero en fin), pero al llegar al aeropuerto francés para volverse, el tal Paul McCartney no tenía como demostrar que él era él y costó Dios y ayuda que le permitiesen salir del país.

Tenían esa clase de ocurrencias (hicieron el último concierto en la azotea de Apple por una ocurrencia, digamos, feliz, porque hasta aquel momento barajaban la idea de irse a hacerlo... a Libia o en el medio del Atlántico en un barco).

Y, entre otras, barajaron, sobre todo Lennon y Harrison, la idea de comprarse una isla griega donde poder desaparecer, trabajar, componer, grabar, y no ser molestados.

La compra, por supuesto, jamás se realizó, pero era Un Planazo.

Llegaron a irse hasta allí, hasta Grecia. En aquel momento tomaban muchísimo ácido, sobre todo John y George. Sobre todo, George.

Viajaron, estuvieron en un barco flotando en el Mediterráneo. Literalmente, flotando. Así lo contó George en el «Anthology»:

«Fue un viaje increíble. John y yo estuvimos de ácido todo el tiempo, sentados en el frente del barco tocando el ukelele. Grecia estaba a la izquierda; una isla grande a la derecha. El sol brillaba y cantamos "Hare Krishna" durante horas. Eventualmente, aterrizamos en una pequeña playa con una aldea, pero apenas nos bajamos del bote empezó a llover. Había tormenta y rayos, y el único edificio en la isla era una pequeña cabaña de un pescador así que le pedimos si podíamos quedarnos en su cabaña».

Todo muy años 60, ¿verdad? Todo muy «flotante». La escena puede ser visualizada sin mucho esfuerzo: el barco meciéndose suavemente con el ritmo melódico de las olas. Dos beatles de veintipocos años con los pies colgando. De vez en cuando, tocan el agua con la punta de los dedos. Están en el medio de un viaje de ácido. El mar parece de platino, el cielo es púrpura. Allí hay una isla. George, que pasaba horas y horas tocando el ukelele, para de tocar:

—Sí, nos la compramos.

John limpia las gafas, algo manchadas de salitre, con su camiseta:

—Nos la compramos.

Durante los días posteriores investigarán cómo se puede hacer para comprar una isla a un gobierno, el griego. Deciden que pagarán en dólares. Seguro que los griegos se enrollan bien.

Al volver a Londres ya nadie se acordaba muy bien del asunto de la isla. Ringo, en el libro citado, lo resuelve así:

«No llegó a nada. No compramos una isla. Éramos geniales para irnos de vacaciones con grandes ideas, pero nunca las llevábamos a cabo. También íbamos a comprar una aldea en Inglaterra, una de esas con filas de casas en los cuatro lados y una aldea verde en el medio. Íbamos a tener un lado cada uno».

Islas, aldeas… sueños beatle. El ácido, sí, les llevaba de viaje por muchas geografías imposibles.

LOS ROLLING EMPEZARON CON LOS BEATLES

Todavía hay mucha gente que cree que si eres de los Beatles no puedes ser de los Rolling. Como si estuviésemos hablando de ser del Barça o del Real Madrid, de Coca-Cola o Pepsi, de izquierdas o de derechas. A ver: somos fanáticos, sí, pero, además, nos gusta la música. Toda la música siempre y cuando sea buena. Por eso muchos podemos disfrutar de la música de los Rolling Stones y de los Beatles sin ninguna clase de conflicto e incluso, al mismo tiempo.

La supuesta «rivalidad» entre ambos no deja de ser la consecuencia de una campaña publicitaria que en los 60 les dió muy buen resultado a ambas formaciones. Pero en realidad eran colegas, compinches que se trataban, colaboraban, y se veían con frecuencia. El respeto y la admiración eran mutuos. Tanto como para que un muñeco que hace referencia a los Rolling figure en la famosa portada del «Sgt. Pepper's». Tanto como para que Mick Jagger fuese una de las personas invitadas a la grabación del mítico «All You Need Is Love» para Mundovisión, el primer programa vía satélite emitido para la práctica totalidad de los países que podían conectar sus redes de televisión a un satélite (se emitió el 25 de junio de 1967, en directo para los cinco continentes, los vieron en directo en 24 países. La audiencia fue de 350 millones de personas). Tanto como para que cuando los Rolling ya eran uno de los grupos más grandes del mundo, llamasen a John para «actuar» en su frustrado proyecto «Rock And Roll Circus» (John interpretó, con ellos, «Yer Blues», el 11 de septiembre de 1968, un, en efecto, blues presente en el Álbum Blanco. No es una gran canción, la verdad. La versión con los Rolling es todavía peor que la que grabaron en el Álbum Blanco los propios Beatles, una canción francamente prescindible. En aquella ocasión la canción fue interpretada por una «formación» bautizada como Dirty Mac formado por John a la voz y guitarra rítmica, Eric Clapton, guitarra principal, Keith Richards, bajo, y Mitch Mitchell, la batería).

Tanto como para que Lennon y McCartney les regalasen su primer éxito.

En septiembre de 1963 los Beatles ya eran un grupo muy importante en el Reino Unido. La Beatlemanía estaba a punto de explotar en el mundo entero pero, en las británicas tierras, los cuatro de Liverpool ya eran un grupo de éxito indiscutible. Por su parte, los Rolling estaban comenzando a trabajar (en el momento de la escena que vamos a relatar, sólo llevaban un año juntos) y andaban, la verdad, bastante perdidos sobre la clase de grupo que querían ser. Ya tenían relación con Decca (la casa de discos que había rechazado a los Beatles como ya contamos más atrás) gracias a que George Harrison los había recomendado, pero en sus actuaciones y primer single sólo había covers de éxitos del momento. Su punto fuerte era (sigue siendo) los directos. Jagger, Richards y los demás, se comían el escenario y al público, pero todavía no habían conseguido un hit digno de tal nombre.

Todo eso va a cambiar el 10 de septiembre de 1963 y va a cambiar gracias a los Beatles.

Los Beatles ya habían mostrado su apoyo a los Rolling un par de meses antes, cuando fueron, los cuatro juntitos, a verlos tocar el 14 de abril de 1963, a Richmond, donde ellos actuaban. Antes de salir al escenario, alguien se lo chivó a los Stones:

—Eh, que han venido los Bealtes a veros.

Se vieron todos las caras al final de la actuación y se fueron de juerga hasta las cuatro de la mañana. Ahí nace una buena amistad entre los dos grupos. Tanto es así que, seis días después, los Beatles tocan por primera vez en el Royal Albert Hall e invitan a los Stones a ese concierto.

Pero volvamos a aquella noche de septiembre.

Paul y John terminan en un ensayo de los Rolling por casualidad, fuman un poco con ellos, beben un poco con ellos, se ríen un poco con ellos. Habían sido invitados por Andrew Loog Oldham, mánager de los londinenses y que en el pasado había formado parte de NEMS Enterprises, o sea, la empresa de Brian Epstein, el mánager de los Beatles, en su departamento de Publicidad. Oldham había trabajado como agregado de prensa para Epstein.

El destino, aquella noche, fue así de caprichoso: ellos bajan de un taxi. Lennon y McCartney regresaban caminando de una entrega de premios (los Variety Club of Great Britain) que había tenido lugar en el Hotel Savoy de Londres. Venían de recibir el premio en la categoría de Grupo Vocal del Año. Se encuentran con el mánager por la calle. Se toman algo juntos. Los invita a ir al ensayo al Studio 51, el club de jazz donde los Rolling ensayan. Paul y John les preguntan a Richards y Jagger que cuándo los Stones van a grabar sus propios temas, como hacen ellos. Lo cierto es que ni siquiera se lo habían planteado. Ellos eran intérpretes de música rock, cantantes, guitarristas, rockeros, no creadores, gente de escenario. McCartney y John piden una guitarra y se van a una esquina. Los otros los observan asombrados. En unos pocos minutos, vuelven con una canción titulada «I Wanna Be Your Man». Se la regalan.

Antes de seguir con los Rolling y lo que esto les provocó en la cabeza, debemos decir que esto de «regalar canciones» era algo que ya habían hecho antes Lennon y McCartney. Por ejemplo, durante su primera gira por Inglaterra, a principios de 1963 y antes de la explosión de la Beatlemanía, ellos son un grupo más dentro de un cartel en el que hay otros. La cabeza de cartel es para Helen Shapiro, una jovencísima estrella que con sólo 16 años ya había sido capaz de colocar dos números 1 en las listas británicas.

Un día, concretamente el 26 de enero, durante un concierto en el King's Hall de Stoke-on-Trent, Paul y John se meten detrás del escenario con el objetivo de hacer una canción para regalársela a Helen Shapiro. Unas horas más tarde, en Forthlin Road la canción está terminada. Pero el mánager de la artista la rechaza tajantemente y ni siquiera se lo comenta a la joven. Ella, años más tarde, cuando se entera de que el éxito del cantante Kenny Lynch, titulado «Misery» (y que los Beatles también grabarán para su primer LP, «Please please me») lo pudo haber grabado ella, dice:

«Me da muchísima rabia… cuando pienso que habría podido ser la primera artista en grabar una canción de los Beatles, pero no me parece nada mal que ese honor lo haya tenido el bueno de Ken».

Volvamos a los Rolling, a los que hemos dejado con la boca abierta al ver cómo John y Paul se sacaban de la manga así, en un plisplás, una canción,

Para ellos, en especial para Mick y Keith, aquello es un shock. Acababan de asistir al parto de una canción en unos pocos minutos y ante sus propia narices.

Mick Jagger lo contó así:

«Por entonces conocíamos a los Beatles y mientras estábamos ensayando, llegó Andrew (su manager) al estudio con Paul y John. Nos dijeron que tenían este tema. La verdad es que en esa época eran unos buscavidas. Quiero decir, la manera en la que solían hacer canciones deprisa y corriendo era magnífica: "Hey Mick, tenemos esta canción estupenda". La tocaron y pensamos que sonaba muy comercial, justamente lo que estábamos buscando. Así que la hicimos como Elmore James (guitarrista de blues estadounidense) o algo por el estilo. Era algo completamente majara, pero fue un éxito y sonaba muy bien en el escenario[46]».

Así que alguien pensó que, si aquellos dos lo podían hacer, quizás ellos, si se esforzaban, también podrían. Quien lo pensó fue su mánager, y se lo explicó de una forma muy sencilla:

—Vosotros tocáis la guitarra. Así que podéis componer.

Y lo consiguieron. Con la ayuda, un poco bestia, de Oldham quien, unos días después del episodio con John y Paul, los encierra en la cocina de su casa y les prohibe salir hasta que tengan una canción terminada. Concretamente les informa de que tiene que ir a la lavandería a llevar la ropa sucia de su madre y que de allí no salen sin una canción. Por lo menos una. Y les cierra la puerta con llave. Ellos aporrean la puerta, se lían a patadas y amenazan con echarla abajo. Pero no lo logran y, un par de horas después, salen con una

46   https://los40.com/los40/2021/09/08/los40classic/1631110934 _431457.html

canción titulada «As Tears Go By» que, unos meses después, Marianne Faithfull (novia de Jagger unos años), convertirá en éxito mundial a sus 17 añitos recién estrenados. Al año siguiente, viendo que una balada como «Yesterday» consigue el número 1 en las listas estadounidenses, sí que se animan a grabarla, algo cambiada al respecto de la versión de Faithfull, con una nueva sección de cuerdas. Sólo llegará al número 6 en USA y recibirá fuertes críticas en el Reino Unido porque esa canción, claro, va a ser comparada con «Yesterday» y, en fin, cualquier canción que se compare con «Yesterday» la lleva clara.

«I Wanna Be Your Man», que será grabada por Ringo para el LP «With the Beatles», será el segundo single de los Rolling y gozará, por fin, de un cierto éxito. Antes sólo habían publicado una versión del «Come On» de Chuck Berry, otro de los favoritos, también, de los Beatles. La versión de los Stones de la canción de John y Paul escalará hasta el puesto 12 en las listas británicas lo que, para un grupo que estaba empezando, no era un mal inicio. Aunque, no era gran cosa, la verdad, Otro grupo, de menos recorrido, llamado Barron Knights incluirá la canción en su LP «Call Up The Groups»... y llegará al número 3.

En su autobiografía, titulada «Life», Keith Richards lo recuerda así:

«En Septiembre de 1963 no había canciones. Al menos ninguna que pensáramos que destacaría en las listas. Nada parecía probable en el barril de Rhythm & Blues, que siempre se agotaba. Estábamos ensayando en Studio 51 cerca del Soho. Andrew había desaparecido para dar un paseo y se ausentó de esta penumbra y se encontró con John y Paul, al bajarse de un taxi en Charing Cross Road. Tomaron una copa y ellos detectaron la angustia de Andrew. Les dijo: "No tenemos canciones". Volvieron al estudio con él y nos dieron un tema (…) Brian le incorporó un bonito slide de guitarra y lo convertimos en un inconfundible tema Stones en lugar de la canción de los Beatles. Estaba claro que teníamos un éxito casi antes de que ellos salieran del estudio».

Que tenían un éxito lo tenía claro también la Decca quien, al lanzarlos en Estados Unidos (unas semanas después del primer viaje de los Beatles a América, donde arrasaron con todo), al publicar el single «Not Fade Away/ Little By Little», deciden, sólo para los Estados Unidos, cambiar la Cara B por esa canción que Lennon-McCartney les habían regalado para intentar, de alguna forma, aprovecharse de la estela de los de Liverpool.

Así pues, nada de rivalidad. Colaboración mutua, admiración mutua. No se pelearon por el espacio. Había para todos. Todos eran buenísimos.

En el «Anthology», Paul deja claro que de rivalidad, nada:

«Salíamos con los Stones, colaborábamos en sus grabaciones, había muy buen rollo. Seguramente competíamos un poco, es normal, pero había buen rollo. Les preguntábamos: "¿Vais a sacar algo?" y si era así decíamos: "Bueno, pues guardadlo un par de semanas, porque nosotros también tenemos uno". En realidad era lógico no pisarnos los lanzamientos. John y yo cantamos en la canción de los Stones "We Love You". Mick se había atascado con una idea y nos pidió que fuéramos. Así que acudimos a los estudios Olimpic y le echamos una mano[47]».

La cosa era así.

Un buen rollo entre colegas.

---

47   En *Anthology*, pág. 203.

EN UN MUNDO DE MACHOS, UNA ARPISTA

Los Beatles han reconocido en multitud de ocasiones que el mundo del rock and roll, por lo menos en los años 60, era especialmente «masculino». Probablemente debamos decir, incluso, machista. Pero vamos a dejarlo en masculino.

En el mundo beatle sólo hay hombres. El núcleo duro de su gente, que es toda de Liverpool y de los primeros días, es masculino. Además de ellos cuatro, Brian Epstein, George Martin, Geoff Emerick, Niel Aspinall, Mal Evans, Derek Taylor... todo el equipo es de hombres y, cuando los Beatles necesitan grupos de músicos que les acompañen en el estudio, siempre hombres.

De hecho, una norma sagrada que compartían y asumían como indiscutible era que en el estudio no entraban las novias. Jane Asher, la actriz inglesa, que lo fue durante muchísimo tiempo de Paul, nunca entró en el estudio. Ringo o George, que se casaron muy jovencitos también (John incluso antes de la Beatlemanía porque su novia Cynthia Powell estaba embarazada), nunca permitieron a sus esposas entrar en el estudio. En realidad, tanto Jane, como Patti o Cynthia, o Linda más adelante, o Maureen, o quien fuese que en aquel momento era la pareja de cualquiera de ellos, van a entrar, claro, pero en todo caso no van a estar cuando los Beatles están trabajando. Esa norma la va a romper, con gran incomodidad para el resto de la banda, John cuando mete a Yoko allí. De hecho, va a ser así a partir del 29 de octubre de 1968, la última vez que los cuatro Beatles trabajaron juntos en el estudio, concretamente en la canción «Hey Bulldog». A partir de ahí, todas y cada una de las veces que los cuatro estén trabajando, Yoko estará dentro, pegada a John, opinando, cuchicheando al oído, cantando, gritando...

Hunter Davies, el primer biógrafo autorizado del grupo, lo explica así:

«Yoko entró en la vida y en el trabajo de John; se sentaba con él durante las sesiones de grabación de los Beatles. A los otros no les gustaba la influencia que ejercía sobre John ni su omnipresencia en el estudio. En cualquier caso, George y Ringo estaban aburridos desde hacía tiempo, y esa nueva aparición eliminó para ellos la poca gracia que le quedaba al asunto[48]».

La cosa es seria. John, en aquel momento además enganchado a la heroína, se vuelve totalmente dependiente de Yoko y no da un paso sin contar con ella (eso va a ser así el resto de su vida). John y Yoko explican que ahora son uno, y los otros tres tienen que apandar con eso. Lennon se hace llamar a veces «Johnan-dyoko». En un acto en las oficinas de Apple, se cambia su nombre de nacimiento, «John Winston» por «John Ono». No hay muchas dudas sobre esto.

---

48   En el libro citado de Davies, pág. 380.

George Martin llevaba especialmente mal la presencia constante de Ono en el estudio de grabación. Philip Norman nos señala que:

«A George Martin le consternaba la presencia constante de Yoko, así como sus intervenciones y sus distracciones que desconcentraban a John de su tarea todo el tiempo; aunque era demasiado caballero para decir nada directamente, la frialdad que provenía de la sala de control era palpable[49]».

Las fricciones aparecen enseguida y, lógicamente, además de las que ya tenía por mil motivos, que alguien te critique por traerte a la novia, o que discuta con ella, se convierte en motivo más que serio de confrontación. Porque John, directamente, insistimos, instala a Yoko en el estudio. No exageramos. En un momento en el que ella está enferma, John manda instalar una cama y Yoko está allí con ellos. Ella opina sobre las canciones. De repente, John, que componía desde la adolescencia con Paul, consulta antes con ella que con él. Paul reconoce que se vuelve inseguro con las letras porque no le parecen demasiado «intelectuales» para el gusto de Yoko.

No vamos a hablar mucho más de esto. Porque ya sabemos que Yoko no es la culpable de la separación de los Beatles. Ni siquiera un poquito. Haberle echado la culpa a ella desde el primer momento es un rollo patriarcal y racista. Era tía y era asiática. Es el mal. No. En todo caso, habría que haberle pedido responsabilidades a John por haber roto ese pacto de que las novias, las esposas, allí no entraban. Por no entrar, casi ni le dejaban estar a Brian Epstein, su mánager…

---

49   Norman, Philip: *Paul McCartney*, Malpaso, Barcelona, 2016, pág. 312.

La primera mujer que va a tocar en un disco de los Beatles se llamaba Sheila Bromberg. Tocaba el arpa y se murió en 2021, un agosto pandémico, a los 92 años de edad. Fue la primera y de las pocas que se sentó allí con ellos a tocar. Los Beatles, que ya habían grabado con Andy White a la batería para «Love Me Do» por imposición de George Martin, y con él en multitud de ocasiones, van a ir incorporando paulatinamente músicos externos para completar sus grabaciones. Luego de White, será el flautista Johnny Scott quien pondrá su instrumento al servicio de la canción de John, clarísimamente inspirada-provocada por Dylan (a quien habían descubierto hacía nada), «You've Got To Hide Your Love Away». Eso sucedió el 18 de marzo de 1965. Después, vendrá el cuarteto de cuerda de «Yesterday». Y muchísimos más. Pero, siempre, hombres.

Durante la grabación del «Sgt. Pepper's», John y Paul componen (más bien Paul, pero John ayudó en muchas partes, concretamente escribiendo los coros de respuesta de los angustiados padres) una balada hermosa, algo trágica por la historia que cuenta (una chica que se va sigilosamente de casa dejando a sus padres preguntándose qué han hecho mal), titulada «She's Leaving Home». La canción es interpretada con instrumentos clásicos. No hay bajo, batería, guitarras… nada. Hay mucho instrumento de cuerda (violín, violonchelo, viola, contrabajo) y el protagonismo, todo, es para el arpa.

Ahí es donde entra Sheila Bromberg, mujer. Ella, mujer, fue quien tocó el arpa. Ella fue la primera mujer en participar en un disco beatle.

George Martin siempre ha sido muy crítico con esa grabación, quizás porque fue la única, de todo el disco, que él no pudo controlar. Los Beatles eran famosos por ser ocurrentes (incluso en el mal sentido de la palabra), caprichosos e imprevisibles. Y un día John y Paul querían grabar esa canción. Tenía que ser ya. No podían esperarse unos días a que Martin volviese. No estaba en Londres. Así que le tocó la faena a Mike Leander. La canción habría sonado diferente con los arreglos de Martin, seguro pero, diga lo que diga el viejo maestro, este trabajo de Leander nos gusta mucho. McCartney, en una entrevista a *Playboy* en diciembre de 1984 reconoce que a Martin le dolió mucho que no hubiesen esperado por él, pero que no estaba en su intención lastimarlo. Pero nos gusta ese trabajo. Nos gustan esos cuatro compases de arpa con el que se prologa la canción. Nosotros también lo sentimos, George...

Sheila Bromberg era ya una reputada arpista cuando fue llamada para esa grabación. Antes de trabajar con los Beatles ya había grabado con grandes formaciones clásicas como la Royal Philharmonic Orchestra o la London Philharmonic. Pero en otros géneros, ya era conocida y respetada. Había grabado su arpa para figuras como Frank Sinatra, los Bee Gees o Bing Crosby. Ella siempre se ha quejado de que le parecía injusto que, con semejante curriculum, sólo se le recordase por esa grabación con los Beatles.

En el momento en el que acude a los estudios, no tiene ni idea de que va a trabajar en un disco de los Beatles. Sólo sabe que tiene que estar a las nueve de la tarde y que su sesión termina a las doce de la noche. Los Beatles grababan siempre de noche y de madrugada. Así que el horario, para ella, era infrecuente. En el Reino Unido la gente a las cinco de la tarde se recoge. Pero estos chicos tenían hábitos laborales diferentes y de hecho, se pasaron por el forro los horarios laborales de los trabajadores de EMI sistemáticamente.

Nos lo explica muy bien Geoff Emerick:

«No era raro que comenzáramos la sesión a medianoche y termináramos al amanecer, lo que suponía una presión extra para todos nosotros. A veces sospechamos que Mal Evans nos echaba algo en el té para mantenernos despiertos, pero nunca estuvimos seguros. Dudo mucho que fuera ácido (¡no hubiera sido de mucha ayuda para los Beatles que tripáramos en la sala de control!) pero supongo que es posible que condimentara alguna vez el té con algún estimulante suave[50]».

La práctica de grabar a horas intempestivas, incluso en días de descanso, ya viene de atrás. Concretamente, la cosa empieza unos años antes de esa noche con la arpista, cuando graban el tema de John y Paul, que canta George en «A Hard Day's Night», titulado «I'm Happy Just To Dance With You». Será, por cierto, la última canción que ellos le compongan. A partir de ese momento, todas se las hace él.

Se grabó el 1 de marzo de 1964. Pero... en domingo. Es la primera vez. Luego lo harán muchas veces más. Los Beatles son caprichosos y si de repente quieren grabar, hay que hacerlo, sea domingo o esté el personal de vacaciones. No es su problema.

En aquel caso, se hizo en domingo porque al día siguiente comenzaban el rodaje de su primera película (con Richard Lester de director, «A Hard Day's Night») y esa canción va a formar parte de la filmación.

La arpista es convocada, pues, a una hora en la que ella ya estaría haciendo la digestión de la cena. Y no sabe, insistimos, que va a trabajar con los Beatles ni que va a formar parte del disco más vendido de la historia de los Beatles (en este momento, alrededor de 35 millones de

---

50   En el libro citado de Emerick, pp 159-160.

copias). De hecho, en cuanto está allí con Paul delante ella no lo reconoce. Sí identifica su acento y se da cuenta de que ese tipo debe de ser de Liverpool. Entonces es cuando se dispara la adrenalina: sí, son los Beatles.

La grabación, según ella mismo reconoció en multitud de entrevistas, fue realmente complicada... como era prácticamente todo en el mundo de los Beatles en aquella época. Como música clásica, para ella todo era mucho más sencillo. Llegar al estudio, leer la partitura, tocar, cobrar y para casa. Aquí las cosas no eran tan sencillas.

A pesar de la complicación, esta grabación va a marcar para siempre su carrera. Por ser la arpista de esa canción y por ser la primera mujer en traspasar el umbral de la puerta del estudio, Ese Lugar Sagrado.

¿Por qué fue una grabación complicada? Básicamente porque Paul no tenía ni idea de lo que quería. Sabía que quería arpas, pero lo que esas arpas tenían que tocar, tampoco lo tenía nada claro aunque tuviese a su arpista contratada delante de sus narices.

Con ayuda de todos, Paul consiguió hacerse entender, Sheila tocó y se fue a casa con su sueldo, por ese trabajo... de 9 libras esterlinas...

(EMI era especialmente cutre pagando a los músicos. Stephen Shingles, que tocó la viola en «Eleanor Rigby» —antes lo había hecho en «Yesterday»— se quejaba de que sólo le habían pagado por esa sesión de varias horas 5 libras, a pesar de que la canción generará millones en beneficios).

NI UN BATERÍA, NI DOS... SE NECESITAN
TRES PARA GRABAR UNA CANCIÓN

A lo largo de este libro hemos hablado mucho sobre los baterías, o más bien, los problemas de los baterías, con los Beatles. Contamos como al principio, cuando aún ni siquiera se llamaban como finalmente pasaron a la historia y no eran más que el grupo de la escuela de John, tocaban sin un batería fijo y pretendían camelarse a los programadores de conciertos para que los contratasen diciéndoles aquello de que «el ritmo está en las guitarras». Después vino Pete Best. Y ya hemos hablado, también, de la triste historia de Jimmie Nicol, el que sustituyó durante 13 días a Ringo en 1964 y que pasó de la gloria al olvido en cuestión de días.

El primer disco publicado por los Beatles fue el sencillo «Love Me Do». En el proceso de su grabación intervinieron tres baterías.

La canción, obra de Paul, fue publicada el 5 de octubre de 1962. McCartney la compuso un día en el que se saltó las clases para hacerla con el único objetivo de impresionar a una tal Iris Caldwel con la que andaba de primeros noviazgos. Bien por ella por inspirar esta canción. Seguro que Paul triunfó. No es muy habitual que un chico te haga una canción para ligar contigo...

Como decíamos, fue publicada en octubre, pero había sido grabada, con muchísimas dificultades, en el junio anterior y ante la atenta mirada de George Martin, quien no acababa de ver claro el asunto de la batería. Por no ver, ni siquiera veía claro que deberían grabar esa canción y los presionó para grabar «How Do You Do It», una canción que ellos grabaron para ver cómo quedaba y que, según nuestro criterio, Paul nos perdone, es evidentemente superior a «Love Me Do». Tanto es así que «Love Me Do» solo llegó al 17 en las listas de éxitos (después, ya relanzada en plena Beatlemanía, sí fue número uno pero en aquel momento cualquier cosa que grabasen los Beatles lo sería; llegó a lo más alto en los Estados Unidos el 27 de abril de 1964), mientras que esa canción, la rechazada, «How Do You Do It», interpretada por otro de los grupos importantes de Liverpool de la época como eran Gerry and the Pacemakers, sí alcanzó el número uno el 11 de abril de 1963 (el 9 en los Estados Unidos), aguantando allí tres semanas seguidas... hasta que es reemplazada por el tercer sencillo de los Beatles, «From Me To You».

En aquel entonces, nadie les chistaba a los grupos de Liverpool.

La canción que los Beatles se negaron a lanzar como su primer sencillo era obra de Mitch Murray, un solvente compositor de éxitos (de la misma jovencísima edad que Lennon y McCartney) que terminó desarrollando una exitosa carrera como compositor. Fue merecedor de dos prestigiosos premios como el Novello, toda una institución (los Beatles tienen varios) dentro de la industria musical británica. Éxitos suyos fueron grabados por grandes nombres como The Tremeloes, Cliff Richard o Manfred Mann.

Martin entendió (y no se equivocaba) que la canción de Murray sería un éxito seguro en las voces y la interpretación de esos cuatro que acababa prácticamente de conocer. Pegadiza, llena de vida, lo tenía todo. Podéis escucharla en el primer CD doble del «Anthology» de 1995. Pero con lo que Martin no contaba era con que aquellos cuatro que tenía delante, que todavía no habían grabado nada (excepto la aventura alemana con Tony Sheridan) y que, como cualquier grupo de la época darían cualquier cosa por publicar un disco, iban a decirle que no. Que a esa canción, no. John, con su sutileza habitual, se lo transmitió en nombre de los demás:

—Perdona que te lo diga, George, pero esta canción es una mierda. Queremos grabar nuestro propio material.

Ahí se ve con claridad la actitud ganadora que tenían estos cuatros. Su seguridad infinita. Desafían al gran productor, al señor que en ese mismo momento les podía dar una patada en el culo diciéndole que quieren grabar su propio material. Martin accede. Grabarán «Love Me Do» (que no es, insisto, ni de lejos, una canción tan buena como la de Murray), pero pone una condición: ese batería no me vale para la grabación. En los conciertos haced lo que os dé la gana, pero en mi estudio ese no graba. Lo ponen de patitas en la calle, ya lo sabemos. Ya he expresado en varias ocasiones que no me parece tan mal batería como la historia se ha empeñado en mostrarnos, pero en fin, quién soy yo para cuestionar a esos tres sabios (cuatro, con Martin).

El 4 de septiembre de 1962 vuelven al estudio, pero con Ringo ya oficialmente en el grupo. Allí les espera una gran disgusto: Martin ya se ha traído un batería profesional para grabar la canción. Un señor mayor que es garantía de calidad. Se llamaba Andy White. A Ringo lo mandan para una esquina a agitar una pandereta.

Será mejor que atendamos a las palabras del propio Martin al intentar justificar esto:

«Cuando Ringo apareció, me pregunté que quién narices era. Cuando me enteré que él tenía previsto ser el batería del grupo me mostré contrario, no quería perder la segunda oportunidad de tener un buen motor rítmico para la banda e insistí en que Andy tocara. No conocía a Ringo y, obviamente, no tenía la más mínima idea sobre si era bueno, malo o del montón. Pero no iba a gastar un precioso tiempo de estudio para descubrirlo. ¡El premio de consolación para Ringo fue la pandereta! (…) Más tarde dejé que tocara y me di cuenta de lo bueno que era. Pero no fue una buena manera de empezar[51]».

El disgusto de Ringo fue terrible por esa afrenta y tardó mucho tiempo en perdonárselo a George Martin. Sobre todo porque para la cara B, otro tema de Paul titulado «P.S. I Love You», Ringo tampoco le vale y vuelve a ser Andy White el que graba la canción.

Quizás por eso, cuando Ringo Starr en 1998 publica su álbum titulado «Vertical Man» introduce en el disco como uno de los temas, «Love Me Do». Era una especie de venganza o de travesura en plan, vale, George, no me dejaste tocar ahí, pues ahora no sólo toco la batería sino que además, la canto enterita.

---

51   En el libro citado de Martin, pág. 184

Resumiendo: para el primer disco de los Beatles, ese single con el que Daba Comienzo Todo, se usaron tres baterías: Best, Starr y White. El primero, expulsado. El segundo, relegado a la pandereta. El tercero, hizo lo suyo y se marchó a su casa convencido de que aquellos chavalitos tan simpáticos no iban a llegar a nada en la vida haciendo ese tipo de música tan rara.

Esta situación va a provocar un pequeño disparate discográfico, como es el hecho de que en realidad hay varias versiones de la canción publicadas. La primera, editada con una etiqueta roja, saldrá de la mano de Parlophone el 5 de octubre de 1962, con Ringo, por fin, a la batería. Y después, la del LP «Please Please Me» con Andy White.

En fin. Nunca una canción fue más difícil de grabar que esa.

CUANDO GEORGE HARRISON FUE PERIODISTA

Hay una historia muy desconocida relacionada con George Harrison durante su época con los Beatles, y es que fue, durante un corto periodo de tiempo (apenas unas semanas) columnista de prensa del *Daily Express*. Cada semana se publicaba un artículo firmado por él en ese importante periódico británico. Lennon (autor de dos libros) ya había escrito una columna en el «Mersey Beat», una publicación surgida alrededor de los grupos de Liverpool y en la que también, por cierto, colaboraba, aunque todavía no se conocían los Beatles y él, Brian Epstein. Pero aquello era una pequeña revista musical de ciudad. El *Daily Express* es un periódico serio. En fin, todo lo serios que pueden llegar a ser los periódicos en el Reino Unido.

A finales de 1963, con la Beatlemanía a tope, siendo ya los reyes en su país y a punto de caer seducida el resto de Europa (menos España, un país enormemente atrasado en aquel entonces en lo que a la música, y al resto de las cosas divertidas de la vida, se refiere) George Harrison comenzará a colaborar en ese periódico.

En realidad la cosa es un poco más complicada y tiene que ver con Derek Taylor, de quien ya hemos hablado varias veces en este libro y que, por aquel entonces, trabajaba en ese periódico. Ya era un hombre sensatamente casado cuando recibió el encargo, por parte de su director, de ir a ver un concierto de esos cuatro melenudos de los que todo el mundo hablaba. Fue con su esposa y quedaron hechizados. Taylor escribió un, según él, exagerado artículo elogioso sobre los Beatles sin poderse imaginar que, andando el tiempo, trabajaría en exclusiva para ellos. Comenzó, de hecho, muy pronto, en 1964 contratado como ayudante personal de Brian Epstein.

Un buen día, el director del periódico, John Buchanan, le dice a Taylor que hay que conseguir que uno de los Beatles escriba en el diario y que quién podría ser. Taylor no lo duda y propone a George Harrison. Interrogado por su jefe acerca del por qué de su elección, señala que le parece «buena gente», que es un chico sincero y con cosas que decir. Así que Buchanan y Taylor redactan una propuesta para Brian Epstein, quien los convoca a una reunión en sus oficinas de Liverpool.

Una vez allí, Brian quiere saber cómo será la cosa. Buchanan va directo al asunto: George no tiene que escribir una sola línea, lo hará Derek Taylor. Brian, extrañado, dice que cómo es eso. Buchanan, perro viejo, dice que Taylor sabe escribir «lo que la gente quiere oír». Así que la cosa era ceder el nombre de George mientras que un *negro* (así se conoce en el argot editorial a quien escribe para que otro firme) hará el artículo. Derek y George tendrían que hablar sobre cada temática del artículo y, por supuesto, la última palabra la tendría siempre el músico antes de publicarse el texto.

Brian monta en cólera y dice que ni de broma va a permitir que George ceda su nombre por semejante miseria (le ofrecen 30 libras por artículo). Que 100 libras o no hay trato.

Durante bastantes semanas las lectoras y lectores del *Daily Express* disfrutaron con las divertidas historias, anécdotas de infancia y pensamientos profundos, de George Harrison en las páginas del periódico. Derek las escribía y se las llevaba a Harrison quien cambiaba una palabra, añadía una frase… y cobraba el dinero por tanto y tan buen trabajo periodístico. Así de fácil.

BEATLEMANÍA: LA INVENCIÓN DE UNA PALABRA

La mayoría de las palabras que usamos los humanos nos vienen heredadas. Siglos y siglos de trabajo con las palabras que van sufriendo variaciones, pequeños cambios, cargándose, a veces, de significados muy nuevos y muy diferentes al que tenían originalmente. Sin embargo, otras palabras, sabemos perfectamente cuándo fueron creadas, cuándo fue la primera vez que se usaron. Por ejemplo, la palabra «Beatlemanía». Una palabra que se usó por primera vez en un periódico inglés (el *Daily Mirror*), un día concreto (el 16 de octubre de 1963) y por un motivo concreto (la crónica sobre la actuación de los Beatles en Cheltenham). El nombre del afortunado cronista que la usó por primera vez, no lo sabe nadie con seguridad.

Estamos en 1963 y el fenómeno beatle, todavía sin nombre, está ya arrasando el Reino Unido. Están hasta en la sopa. Y la clase media inglesa, tan conservadora, se hace cruces ante un fenómeno nunca visto: colas inmensa desde muchas horas antes del espectáculo, sobre todo de mujeres, sobre todo de mujeres jóvenes, casi chiquillas que no se conforman con gritar como locas durante la actuación de sus ídolos sino que además se desmayan, lloran, berrean como si las estiviesen matando, juran que darían su vida por Paul, por George, por cualquiera de ellos, les lanzan ropa interior, se cuelan en sus camerinos, se suben en los coches y se arriesgan a morir (felices) atropelladas si es necesario por los Beatles.

El fenómeno, decimos, no ha sido visto nunca antes y, por lo tanto, los cronistas no tienen un término claro para definir lo que está pasando. «Fenómeno fan» no nos vale. Muchos músicos tienen fans. «Histeria» es un poco escandaloso. Entonces, a alguien se le ocurre la palabra feliz: *Beatlemanía*.

El término es exacto pues la palabra «manía» remite a obsesión, a fijación absoluta con un asunto. Y los Beatles, ese año, están, como decimos, en todas partes. En las listas de éxitos, por supuesto, pero todos los días en los periódicos, en los noticieros del cine, en la incipiente televisión, en las revistas de moda. Todos quieren hacerse fotos con los Beatles. Todos quieren comprar discos de los Beatles. Todos quieren entrevistar a los Beatles. Todos quieren invitar a sus fiestas privadas a los Beatles. Todos se cortan el pelo como los Beatles, o sea, todos se lo empiezan a dejar largo como los Beatles. Todos quieren, en último caso, una peluca beatle, los botines beatle, una muñeca beatle...

Beatlemanía, como término, como concepto, como palabra mágica, da perfecta cuenta de un estado de ánimo en un momento del mundo. Remite a la juventud europea y estadounidense que no ha vivido la guerra, pero que ha nacido mientras las bombas caían sobre sus cabezas (el segundo nombre de John era Winston en honor a Churchill, ese era el panorama, bélico y patriótico, en 1940) tiene ganas de reírse, tiene (un poco de) dinero encima y muchas ganas de juerga. Los 60 son así de locos y en parte se explica por eso: mucha chavalada con ganas de dejar atrás el mundo triste de sus papás y mamás que las han pasado canutas pegándose tiros o recibiéndolos. Y esa juventud se obsesiona con la música, con el rock, con las drogas, con los aires nuevos e irreverentes que, sobre todo, estos cuatro representaban, tan frescos, tan arriesgados, tan simpáticos, tan atractivos. Son una obsesión colectiva. Una historia de amor que todavía perdura y que va mucho más allá de la música. Es un asunto sociológico.

Sí, *Beatlemanía* explica bastante bien qué era aquello.

Enhorabuena al inspirado periodista que nos legó una palabra que se va a quedar, como la música de los Beatles, para siempre.

EL PRIMER DISCO CON LETRAS, GRACIAS A UN ESPAÑOL

El «Sg. Pepper's» fue un disco revolucionario (lo sigue siendo, es tremendamente moderno todavía hoy) por muchos motivos. En primer lugar, porque nunca como hasta entonces (quizás, un poco, pero no tanto, el «Pet Sounds» de los Beach Boys) se habían explotado las posibilidades técnicas de un estudio de grabación para hacer llegar las canciones tan lejos, pero también porque era un álbum con una portada increíble que rompía con la «ñoñez» de las portadas hasta el momento, que se limitaban a ser fotos de los grupos, o porque el álbum era un desplegable que, además, traía recortables (un bigote, un cromo, unas barras de sargento, dos insignias y una imagen de los Beatles que se mantenía en pie).

Y, por primera vez en la historia de los discos, se incluían las letras de las canciones.

A partir de ese momento los hábitos relacionados con la escucha de discos iban a cambiar. Escucharíamos los discos al mismo tiempo que leíamos las letras. Todo un hallazgo. Y los Beatles, como en tantas otras cosas, fueron, en esto también, pioneros.

David Trueba es tan buen cineasta como escritor. Y como director de cine estrenó en 2016 una película protagonizada por Javier Cámara titulada «Vivir es fácil con los ojos cerrados». Ya todo el mundo se habrá dado cuenta de que es la traducción al castellano de los versos de Lennon en Strawberry Fields Forever: «Living is easy with eyes closed». John compuso esa canción en Almería, a donde se había desplazado tras cortarse el pelo (fue el primero de los cuatro en hacerlo, pero «por exigencias del guión») para rodar la película de Richard Lester (el mismo director de «A Hard Day's Night» y «Help!»), titulada «How I Wan The War».

John Lennon se alojaba en la finca de Santa Isabel, hoy reconvertida, con mucho acierto, en La Casa del Cine.

En la película se nos cuenta la historia, real, de Juan Carrión, un profesor de inglés de Albacete que en 1966 enseñaba el idioma a sus alumnos con letras de las canciones de los Beatles, toda una modernidad para la época. Para poder hacerlo tenía que escuchar los discos y, de oído, pasar las letras a un papel pero, como es lógico, algunas cosas se le escapaban. Así que, al tener noticia de que Lennon estaba en España, no se le ocurrió otra cosa que irse a hablar con él para que le rellenara los huecos que le faltaban en las canciones. Y lo consiguió. Y no solo eso, sino que, según él mismo ha explicado muchas veces (falleció en agosto de 2017) lo convenció para que incluyese las letras de las canciones en los discos. Y, desde luego, John le hizo caso. Y detrás de ese disco, salieron las letras en otros muchos que vinieron después. De hecho, a día de hoy nos cuesta imaginar que un disco no traiga, además, sus letras para que podamos cantarlas o, simplemente, leerlas.

Las grandes historias se componen de elementos así de simples y así de increíbles: un profesor que un día decide que tiene que conocer a su ídolo pues necesita de su ayuda, y un ídolo que, sin conocer de nada a ese señor que le entraba por la puerta, decide ayudarle y además tomarse en serio su idea alocada de ofrecer las letras junto con el disco.

Bien por Carrión.

LOS QUE SALIERON EN LA PORTADA Y LOS QUE NO SALIERON (Y LA QUE CASI NO SALE)

La portada del «Sgt. Pepper» cambió la manera de concebir las portadas para el resto de la historia, ya lo hemos explicado. Digamos que, desde ese momento, quien compraba un disco compraba también un diseño, una estética, una cierta pieza de arte. Quizás por ello en el año 2000, que tan atentos andábamos a eso de revisar el milenio, el *Sunday Times* encargó una encuesta para saber cuáles eran las obras maestras del milenio y una de las que apareció entre las 50 primeras fue la de ese disco. El diseño fue de Peter Blake, la gran voz del pop-art británico, a partir de una idea de McCartney, el beatle al que más le gustaba intervenir en esa clase de cosas. El resto se centraba única y exclusivamente en la música, pero a Paul le gustaba también dar ideas para los diseños de las cubiertas. Entre esas 50 obras de arte la portada ocupó el puesto número 13, lo que da buena medida de lo importante que ha sido ya no sólo en la música sino en el conjunto de la música popular.

La imagen cuidada, trabajada, hizo que otros muchos discos elevaran sus diseños a piezas artísticas. A bote pronto nos vienen a la cabeza el disco «The Velvet Underground And Nico» de The Velvet Underground, diseñada, claro, por Andy Warhol. Una banana amarilla y negra. Nada más. Simple y genial. O el bebé de la foto del «Nevermind» de Nirvana a la búsqueda de ese dólar que aparece como cebo del mal, o el «Country Love» de Roxy Music, con aquellas dos chicas en ropa interior, una agarrándose el pubis y la otra tapando los pechos, o el «Lovesexy» de Prince, convertido en ángel en pelotas. Cualquiera de ellas, de alguna forma, son herederas de la portada del disco de los Beatles, en el que hay mucha gente y, por lo tanto, deudora de un trabajo de producción latoso y complicado pues había que contactar con todas las personas que salían en la imagen, algunas de ellas, ya muertas, por lo que había que entrar en contacto con sus herederos y conseguir todos los permisos, uno por uno. Una vez obtenido el permiso, había que reproducir las imágenes al tamaño deseado y pegarlas sobre una tabla de madera.

Hoy, con las herramientas de diseño digital, cualquier *millennial* te lo hace con el móvil…

Además, hubo que traer las imágenes del museo de cera de los propios Beatles y llenar todo el suelo de arena para el montaje floral que se ve a los pies de todos aquellos que están allí.

Costó, para la época, una completa barbaridad: casi 3000 libras.

Se partió de la base de que cada Beatle podía proponer a 12 personas o personajes que ellos admirasen por cualquier clase de razón. Si multiplicamos, ya nos salen así, a bote pronto, 48 personas con las que contactar. El trabajo, pues, era ingente y desde EMI se pidió a los cuatro que les escribieran a todos, cosa que, por supuesto se negaron a hacer y derivaron a Brian Epstein, que para eso se ocupaba de sus asuntos legales y tenía una gran oficina con mucha gente trabajando. Nadie puso grandes problemas para aparecer en ese disco (más bien, todo lo contrario) excepto Mae West, la mítica y hermosísima belleza de Hollywood que, al tener noticia de la idea de los melenudos ingleses de incluirla en la portada de su disco, dijo que ni de broma prestaría su silueta para algo así. Ante esa situación, a los Beatles no les quedó más que esforzarse y se decidió que uno de ellos la llamaría para, amablemente, pedirle esa autorización. No está claro, aunque Julian Lennon, el hijo mayor de John sostiene que fue Paul (con quien conserva una entrañable amistad) quien hizo esa diplomática llamada que sí tuvo el efecto deseado. Gracias a eso, Mae West luce, gloriosa, con un vestido color oro a la izquierda de los Beatles vestidos de la banda del Sargento Pimienta.

En la portada están, pues, muchas personas que ellos admiraban, como Stu Stucliffe, el Beatle que se les murió en Hamburgo, o ellos mismos en sus figuras del Museo de Cera de Londres, o una muñeca con un jersey donde se puede leer «Welcome the Rolling Stones». Pero también están Marlon Brando, Fred Astaire, Johnny Weismuller, Edgar Allan Poe (citado por Lennon en «I Am The Walrus»), Bob Dylan (amigo, mucho, de George, durante toda su vida), Tony

Curtis, Marilyn Monroe, Karl Marx, H.G. Wells, Dylan Thomas, Laurel y Hardy, Albert Einstein, Lewis Carroll (el escritor favorito de John) y otros muchos.

Pero casi es más interesante fijarnos en los que no están, es decir, en aquellos que fueron propuestos, sobre todo por Lennon y que, por unos motivos u otros, se «desaconsejó» que estuviesen en esa imagen.

Por ejemplo Adolf Hitler.

Empezamos este capítulo diciendo que cada beatle podía proponer 12 personas o personajes que admirasen y entonces, ¿debemos pensar que alguien admiraba a Hitler? Obviamente, no. La propuesta fue, como no, de John Lennon, movido por su afán siempre provocador e irreverente. Los otros lo convencieron, y tampoco fue muy difícil, para que se olvidase del asunto.

Por ejemplo, Jesuscristo, otro de los propuestos por John, casi con total seguridad para resarcirse, irónicamente, del infierno por él vivido un poco antes tras la polémica causada por aquellas declaraciones en las que decía que los Beatles eran más famosos que Jesucristo y de la que ya hemos hablado. Alguien le convenció, probablemente desde EMI, de que no era buena idea y que probablemente se entendería mal su broma.

Por ejemplo, Gandhi, quien fue sacado directamente por EMI pues existía un miedo, más que justificado, de que la comunidad inglesa de la India se tomase a mal esa referencia a tan polémico, en aquel entonces, personaje.

Así pues, son todos los que están pero no están todos los que son. Y una, Mae West, que a poco más, ni sale en la foto que finalmente realizará, de todo el montaje, Michael Cooper.

Todo eso, todos esos, están en la portada de un disco

del que su productor George Martin escribió sobre lo que estaba más allá de su colorida portada:

«*Pepper* encerraba todavía otras cosas más allá de su brillante cubierta de colores. Era un lugar especial, un mundo de sueños en el cual todos podíamos toparnos con nuestro amor perfecto repentinamente, y ser llevados al nirvana a toda velocidad en un taxi de papel de periódico. Era una fantasía escapista. Sí, era eso[52]».

(Los más avezados lectores y lectoras ya se habrán dado cuenta de que ahí hay una referencia muy clara a los «newspaper taxis» de «Lucy In The Sky With Diamonds»).

Y todo eso que nos dice George Martin que era Pepper está ya, desde la portada. Desde esa genialidad que hizo que, a partir de ese momento, los grupos de música se esforzasen un poquito más a la hora de sacar sus discos. Llegaba el tiempo de los diseñadores.

La portada se llevará un Grammy como la mejor del año 67. El listón, pues, quedaba muy alto.

(Dos curiosidades finales: un tal Leo Gorcey, actor, que ya estaba confirmado, fue eliminado a última hora porque se empeñó en que se le pagase. Él se lo perdió. Y otra: cuentan los que allí estaban que se fumaba tanto, pero tanto tanto hachís durante la sesión fotográfica, que Ringo Star, a día de hoy, sigue afirmando que no recuerda haber estado allí).

TENEMOS CHICO NUEVO EN LA OFICINA

El único músico, el único, que comparte su nombre en portada de un disco de los Beatles (bien, también está Tony

---

52   En el libro citado de Martin, pág. 14.

Sheridan, del que ya hemos hablado, pero ese disco no es propiamente hablando «un disco de los Beatles») es el teclista Billy Preston. Concretamente en el sencillo titulado «Let It Be» publicado el 11 de abril de 1969.

Los Beatles lo habían conocido en 1962, durante una gira en la que coincidieron con Little Richard, para quien él se ocupaba de los teclados. Desde el primer día se entendieron bien a pesar de que en 1962 (año del último viaje de los Beatles, antes de ser célebres, a Hamburgo), Billy sólo tenía 15 años y era sensiblemente más joven que los cuatro de Liverpool. Era un genio del teclado desde los tres años. Un portento.

Se hicieron amigos, en especial George Harrison, quien puso su nombre sobre la mesa cuando los Beatles se metieron de nuevo en el estudio para el proyecto «Get Back» (después, «Let It Be») y que ha sido vuelto a publicar, en edición de lujo y con muchísimas (para algarabía de los fans) tomas alternativas de muchas canciones del disco y de otras, así como jam sessions más que interesantes.

Billy Preston estuvo con ellos esas semanas ocupándose de los teclados y, como siempre han reconocido los cuatro por separado, fue una suerte tenerlo allí porque, de alguna forma, les ayudó a comportarse. Desde los tiempos durísimos de la grabación del Álbum Blanco, las sesiones con los Beatles, y para los propios Beatles, eran difíciles. Discutían mucho, se peleaban por todo. Pero no durante la época de esa grabación a la que nos referimos (aunque hubo momentos muy turbios, sobre todo entre George y Paul), en buena medida, porque estaba allí Billy Preston y, como pasa en las mejores, y en las peores, familias, cuando hay visitas, no se discute. Ese fue el efecto de Preston durante aquellas sesiones (además del efecto musical evidente, sobre todo en temas como el propio «Get Back»): les obligó a controlarse, a estar tranquilitos, a no hacer el tonto más de lo habitual. Digamos que era un asunto de vergüenza. Cuando alguien te viene a visitar a casa, aunque tengas ganas de enviar a tu hermano a freír espárragos, no lo haces porque quedas como un completo maleducado.

Por eso, quizás, el recuerdo de Preston de aquellas semanas era mucho más agradable que el de los propios Beatles.

Sin embargo, los Beatles eran muy conscientes del bien que les hacía tener a Billy allí con ellos, tanto en el plano musical como en el personal.

En el libro de 2021 que ya hemos citado varias veces, leemos:

«Se convirtió (su presencia) en algo positivo, En cuanto se mudaron a su propio estudio, en el sótano de Apple, en el número 3 de Saville Road, todo el mundo se animó. Hubo una explosión de creatividad antes de que se presentasen en la azotea, una semana más tarde. Se había añadido otro elemento electrizante: Billy Preston. Preston, que había conocido a los Beatles en Hamburgo en 1962, estaba grabando un especial televisivo para la BBC, y George Harrison lo invitó a unirse a ellos. "Me siento mucho mejor desde que llegó Billy, porque creo que está rellenado huecos que (...)", Paul: "Que deberíamos haber llenado nosotros, sí". George añade: "Porque a veces es como si... siempre hubiese un hueco"[53]».

Durante aquellos días, John y Paul discutieron agriamente porque el primero quería convertir a Preston en miembro oficial del grupo, algo que Paul consideraba, con razón, un completo disparate.

La verdad es que en aquellos días todo era un disparate.

Preston participará también en la grabación de dos temas del último disco del grupo (el último en ser grabado), el mítico «Abbey Road», concretamente en las canciones «I Want You (She's So Heavy)» y «Something», aunque en esta ocasión no figurará acreditado.

Billy Preston estará ligado ya no sólo musicalmente sino también comercialmente a ellos pues George Harrison va a ser el productor de sus dos primeros discos, contratado por Apple Records, el sello de los Beatles, titulados «That's The Way God Planned It» (1969) y «Encoureging Words» (1970). En el primer sencillo del primero de los discos, George y Eric Clapton se ocuparán de las guitarras, mientras que Keith Richards, de los Stones, lo hará con el bajo.

---

53   En el libro citado de The Beatles, pág. 19.

A lo largo de su carrera recibirá varios premios Grammy y será reclutado, además de por los Beatles, por muchos grandes de la música como los Rolling Stones, Ray Charles, Elton John, Bob Dylan, Sammy Davis Jr., The Jackson Five, Red Hot Chili Peppers, Eric Clapton, Sam Cooke, Aretha Franklin, Quincy Jones, así como John, Ringo y George, que también lo necesitaron para sus trabajos en solitario. De hecho, está muy presente en la práctica totalidad de las sesiones de grabación del mítico «All Things Must Pass» de George Harrison. La amistad con él durará toda la vida. Se irá de gira con él en 1974 y estará presente en el famoso Concierto por Bangla Desh organizado por Harrison y Ravi Shankar.

Murió, por los excesos de las drogas y el alcohol (a pesar de un trasplante renal) con solo 59 años, en junio de 2006.

CANTAR COMO ROY ORBISON. LLEGAR A SUS NOTAS. MAQUILLARSE ASÍ

Han sido muchas las influencias de los Beatles y significar sólo un grupo o un artista sería, cuando menos, temerario a la par que falso. Sin embargo, hay que darle un lugar especial dentro de esas influencias a Roy Orbison, ya sabéis, el cantante de voz melancólica y canciones mayormente tristes, autor de himnos tan conocidos como «Oh, Pretty Woman» o «Crying».

Los Beatles admiraban muchísimo a Orbison, y tuvieron la fortuna, en los primeros tiempos, justo antes de que estallase la Beatlemanía, de estar de gira con él por el Reino Unido y compartir cartel, noches de juerga y aprendizaje.

Los Beatles solían quedarse entre bambalinas para verle actuar. Les maravillaba en especial la práctica ausencia de movimientos de Roy, quien se ponía delante del micrófono, abría ligeramente las piernas, y no hacía nada más que tocar la guitarra y cantar. Esa pose, como ya los Beatlemaníacos habrán descubierto, es la pose de John Lennon al cantar, con y sin los Beatles. Él no anda por el escenario, prácticamente no se mueve. Como hacía Roy Orbison, se pone ahí delante y canta. Para qué más. John nunca ha negado que esa manera de estar en el escenario la aprendió de Orbison.

De él van a aprender, sobre todo, oficio. Será Roy quien les diga que deben maquillarse un poco antes de salir al escenario, que los focos te hacen tener un color de piel raro, y que, por lo tanto, que es bueno ponerse algo de polvos en la cara y, quizás, pintar un poco la raya del ojo. Luego dejaron de hacerlo pero si os fijáis bien en esas caras de las primeras actuaciones, están maquillados justo así. En algún momento parecen cuatro Harold Lloyd.

La aportación más importante de Roy Orbison a los Beatles tiene que ver con la forma de cantar de, otra vez, John y, sobre la forma de terminar las canciones.

En muchas canciones de autoría de John en su etapa con los Beatles, hay un momento en el que la canción se eleva hasta una nota muy aguda. Por ejemplo en el «Please pleeeeeeease me oh yeah» de «Please Please Me». Está en más canciones, pero en esa es muy clara. Una vez más, John reconoció que esa era la forma de cantar de Roy Orbison.

Por su parte, Paul, en la serie documental titulada «McCartney 3... 2... 1» que se estrenó en Disney+ a finales de 2021, reconoce que fue Roy Orbison quien les dijo que en sus canciones tenían, de alguna manera, que anticipar el final, que tenían que conseguir que el público supiese que el final estaba cerca, que la canción se acababa, para así crear una expectación y, por lo tanto, una explosión de aplausos. Aplicaron el consejo a rajatabla y, en lugar de terminar las canciones como se estilaba en la época (y será así en muchas de sus canciones) dejando que poco a poco el volumen fuese bajando, lo que hacen es rematarla violentamente, con unos acordes duros al final, o cambiando el *tempo*. Un caso claro sería «Ticket To Ride». Fijaos en eso. Sobre todo en las de la primera época. Si el maestro Orbison lo decía, es que era correcto y era como había que hacer las cosas.

Roy Orbison conservará la amistad con ellos durante toda su vida, en especial con George Harrison (como Dylan o Billy Preston, realmente, el tío sociable y amigable de los Beatles, sin duda, era George). De hecho, formará parte, fugaz (porque se muere) de aquel proyecto maravilloso que se llamó The Traveling Wilburys, superbanda en la que también estarán Tom Petty, Jeff Lyne (el cantante y compositor de la Electric Light Orchestra, otro inseparable

de George y coproductor de su disco de despedida), Bob
Dylan y, cómo no, George Harrison,

PAUL QUERÍA SER UN CANTANTE DE VODEVIL

Siendo unos chiquillos, pero ya con una firme vocación musical, Paul va a intentar convencer a John de que lo que tienen que hacer es música de vodevil para las películas, temas de baile tipo Fred Astaire y Ginger Rogers. Lía a Lennon para ir al cine y ver un par de películas de esas. Lo que espera Paul es que John se emocione como él y vea ahí alguna clase de futuro musical laboral. John huye despavorido de esa idea y le dice que se la saque de la cabeza.

El dúo compositor Lennon-McCartney no va a pasar a la historia por haberse entregado al vodevil. Sin embargo, Paul no va a desistir en absoluto de esa idea, tanto que llevará el asunto al seno de los Beatles. Lo hace desde el principio. En The Cavern, cuando se les estropeaba algún amplificador, algo que sucedía con mucha frecuencia (o en Hamburgo también les sucedía esto), Paul se sentaba al piano e interpretaba «When I'm Sixty-Four», una canción claramente de vodevil que él había compuesto antes de los 16 años. Los Beatles la tocaban en aquellos primeros tiempos y, cuando hicieron esa obra de arte que es el «Sgt. Pepper's» la incluyeron sin dudarlo.

Paul ya había dado un par de avisos antes, cuando grabaron en el segundo LP del grupo, «With the Beatles», un disco con muchas canciones de relleno de otros artistas, la dulce «Till there's was you», por ejemplo. Esa es canción de vodevil. Con guitarras y tal, pero lo es. Como él ha reconocido en muchas entrevistas, no le habría desagradado haber sido un escritor de canciones en los años 20. Sin duda, la influencia de su padre, pianista, resultó crucial aquí. En todo caso, a John esa clase de música (esa canción o «Martha My Dear») le parecía «música de abuelas». De hecho, a veces despreciaba la música de Paul (durante los años que estuvieron enfadados) como «música de abuelas». Pero no lo es. Es música encantadora.

Como casi todas las abuelas.

En el Álbum Blanco, McCartney va a regresar al vodevil con una canción exquisita titulada «Honey Pie», llena de saxos y clarinetes, además de un inusual George al bajo pues Paul estará ocupado con el piano. Sobre esta canción, Paul le reconocerá a Barry Miles que «no es más que un guiño a la tradición del vodevil en el que crecí[54]». Lennon dijo de esa canción (en la que él hace un solo soberbio, por cierto) que era mejor ni acordarse de ella. La odiaba absolutamente. Con toda la fuerza con la que John era capaz de odiar una canción (incluso las suyas).

Barbara Streisand, años más tarde, hará una versión todavía más odiosa...

Para Paul, sin embargo, esta canción, esta clase de tonadas melancólicas que remitían a otra época era una forma, precisamente, de revivir tiempos pasados que, por lo que fuese, le resultaban agradables aunque no los hubiera vivido pues nació dos décadas más tarde.

Quizás por eso resumió «Honey Pie» diciendo que «sólo soy yo imaginándome que vivo en 1925[55]»

HACIENDO CAJA

Una de las cosas que más «animaron» a los Beatles a dejar las giras, además de la locura que era aquella forma de vida,

---

54   En el libro citado de Miles.
55   En el libro citado de Guesdon y Margotin, pág 506.

ocultándose en furgonetas de, por ejemplo, lavandería, para poder acceder a los lugares a los que tenían que ir, que no se escuchaban tocar unos a otros, que estaban literalmente secuestrados en los hoteles sin poder salir, como mucho, al balcón a saludar, y todo eso (amenazas del KKK en los Estados Unidos, agresiones en Filipinas, paseos en coche descubierto en medio de huracanes... Literal, les pasó un par de veces, etc.), estaba el hecho de que no tenían ni un segundo de descanso. Todo era trabajar y trabajar todo el tiempo. Ya no sólo era que las giras eran largas y probablemente mal organizadas (Epstein podría haberse esmerado más a la hora de organizar los desplazamientos; no era infrecuente que tuviesen que pillarse un avión al otro lado del mundo para unas semanas después volver de nuevo al punto de partida. Esto fue especialmente exagerado en el caso de las giras por los Estados Unidos), sino que en cuanto pisaban suelo inglés, había que meterse en el estudio para hacer un nuevo LP, componer a todo correr unas decenas de canciones, grabar varios discos al año (literal: sacaban dos discos grandes al año como mínimo además de varios singles, EP, etc.), ir a cientos de programas de televisión y radio, recepciones de toda clase, visitas benéficas... Ya lo hemos dicho como lo dijo Harrison: los Beatles sacrificaron su juventud para que el resto del mundo pudiese tener una.

Sobre todo, estaban cansados.

No había un día libre.

Sin embargo, a veces tanto trabajo tenía sus compensaciones.

El 17 de septiembre de 1964 los Beatles están de gira por primera vez por los Estados Unidos. Se enfrentan a un programa de conciertos muy largo y muy exigente. Estamos en el punto álgido de la Beatlemanía. Ocupan los primeros puestos en todas las listas de éxito del mundo civilizado (en España, no, aquí hay una dictadura que pone freno a los excesos de la alocada juventud melenuda británica). Acaban de conquistar suelo americano, sobre todo después de su aparición por dos veces en el Ed Sullivan Show con esos casi 80 millones de espectadores en cada programa. Ese día, ese 17 de septiembre, los Beatles tienen reservado un día de descanso. Brian no les ha programado ninguna actividad. Su agenda está libre para, literalmente, hacer lo que les dé la gana. Habían salido el 18 de agosto de Londres y desde que habían pisado el suelo americano prácticamente todos los días habían tocado en algún sitio, habían visitado una emisora de radio, habían hecho algo productivo. Era, como decimos, la primera gira americana. Había que aprovecharla. Pero además, Brian les había organizado un día de descanso. Suena raro, pero era así: a estos chicos había que organizarles el descanso. Todo estaba medido y pautado. Tocaba descansar. Sin duda, lo necesitaban.

Pero... apareció un magnate, un millonario, un tipo con mucha muchísima pasta. Habló con Epstein. Le ofrece 150.000 dólares por tocar el 17 de septiembre en el Kansas City Municipal Stadium. Una burrada para la época. Incluso para hoy. El concierto no estaba previsto. Lo que estaba previsto es que los chicos descansaran, que tomasen aire, que durmiesen hasta tarde.

Pero Epstein, después de hablar con ellos, acepta (en aquel momento aceptaban cualquier cosa que Brian les sugiriese).

Cobrarán los 150.000 dólares. La cosa sale (hemos hecho el cambio a valor de hoy) por aproximadametne 2500 euros por minuto, o sea, casi 50 euros por segundo. Es un buen caché, sobre todo teniendo en cuenta que los Beatles hacían unos conciertos muy pequeños, de escasamente media hora. Hoy en día, McCartney no baja de tres horas de concierto cada vez (así lo pude comprobar en el Estadio Vicente Calderón de Madrid en 2016) a pesar de sus ocho décadas de vida. Pero en aquel entonces, y con la jauría humana que se despendolaba en cada concierto, policías persiguiendo a las chavalas que se saltaban las vallas, lo mejor era hacer lo que hacían. Salían, saludaban, tocaban a toda pastilla (quien compare las grabaciones de los directos con los discos tendrá claro que los muchachos estaban deseando largarse nada más salir al escenario, si no, no se explica tanta velocidad en la interpretación) y se piraban. Ni un solo bis. Saludo al unísono dando un paso para atrás (como Epstein les exigía) y cada mochuelo a su olivo.

Eran unos currantes y unos profesionales que, incluso en el día festivo, trabajaban si se lo pedían.

Eso sí, se lo cobraron bastante bien, todo hay que decirlo.

Hoy en día, la grabación de cualquier disco de cualquier artista, a pesar de lo fácil que lo hace todo el mundo digital, tarda meses. O años. Se lo toman con calma, y no tienen prisa a la hora de dar por terminado un nuevo álbum. Se lo piensan y actúan con parsimonia. El mercado ya no reclama que los grupos o solistas tengan mucho material nuevo cada poco tiempo. Antes sí. Porque antes se compraban discos. Ahora, en la era de Spotify escuchamos la música enlatada, en los móviles, preocupándonos muy poco, además, de la calidad de las grabaciones. La música, y sobre todo los discos, han perdido la magia casi divina que antes tenían, cuando los que ahora tenemos algo más de 50 nos matábamos para conseguir tener (físicamente) tal LP. Era una cuestión casi religiosa. A mis hijos no se lo puedo explicar porque no lo pueden entender.

El primer LP de los Beatles se titula «Please Please Me» y consta de 14 temas. Como curiosidad podemos señalar que en ese disco las canciones que no son de otros aparecen firmadas por McCartney-Lennon. Sólo fue esa vez. Y de George todavía no hay ninguna, aunque para él compusieron «Do You Want To Know A Secret», que le viene como anillo al dedo. Es un disco. Enterito. Con su cara A y con su cara B. Que nos permite gozar una cierta cantidad de tiempo. Un trabajo completo con 7 canciones por un lado y 7 canciones por el otro.

Pues bien, los Beatles grabaron todo el disco en un solo día, concretamente el 11 de febrero de 1963. Literalmente, como lo he escrito, un solo día de trabajo. Tenían los temas muy trillados. Muchas horas. Ensayos, claro. Pero sobre todo Hamburgo y The Cavern. Grabaron como quien come pipas. Les dieron una hora para comer y, según ha contado George Martin en multitud de ocasiones, se la pasaron ensayando los temas que grabarían por la tarde. Unos currantes. Muy profesionales.

Para resumir: grabar el primer LP de los Beatles les costó 585 minutos de trabajo, es decir, que lo grabaron en poco más de 9 horas y 45 minutos. Entraron a las 10 de la mañana. Era lunes, además. 9 horas y 45 minutos. Una jornada de trabajo. Dejaron para el final «Twist And Shout», para que la voz de Lennon sonase rota. Y tanto que suena. Dan miedo sus cuerdas vocales oyéndole berrear de esa manera.

EMI se gastó en producir el disco 400 libras. Cada beatle cobró 21 libras y 30 chelines por ese día de trabajo.

El disco producirá millones de libras de beneficio. Y los sigue produciendo, por cierto.

Nunca tan pequeña inversión fue mejor rentabilizada…

PAUL IS DEAD

Una de las cosas más locas, pero de las muy locas, del universo beatle es la teoría de que Paul McCartney lleva muerto muchísimos años, concretamente desde el año 1966. Según los defensores —todavía hoy— de esta teoría, Paul había sufrido un terrible accidente automovilístico y habría muerto. Los demás beatles, y todo su entorno, habrían tapado la desgracia con el objetivo (a ver: la teoría viene de los Estados Unidos, o el paraíso consparanoico) de que los Beatles pudieran consumar su obra, que basicamente consistía, según los defensores de esta teoría, en difundir el consumo de drogas destructivas entre la juventud usando la música y su ejemplo como escaparate. Como se puede apreciar, tiene todo el sentido. Los partidarios de la teoría del «Paul is dead», o PID, como se le conoce en el ambiente loquero, mantienen que un tal William Campbell está ocupando su puesto desde 1966. Debemos reconocer que, de ser cierto, el tipo imita a Macca de maravilla. No solo eso, los que hemos tenido la suerte de haberlo visto en directo, oye, chico, que nos parece el Paul de verdad y todo.

El asunto arranca el 12 de octubre de 1969, unos días después de haber sido publicado el que sería el último disco de los Beatles, «Abbey Road». Un locutor americano, como no, llamado Russ Gib dice que ha recibido una llamada telefónica en la que se le ofrecen las pruebas de que Paul está muerto.

El tipo, tan ancho, lo cuenta por la radio. Menos mal que la era de las *fake news* es la de ahora...

Desde ese momento, todo el mundo se pone a buscar pruebas. Porque los que defienden el PID sostienen que los Beatles (los tres vivos, claro) se dedicaron a mandar mensajes en las portadas y en las canciones. Por ejemplo, si nos fijamos en la portada del «Abbey Road» de la que hablamos más atrás, ¿qué es lo que vemos? Pues es muy obvio: mientras que todos van calzados, ¡ahá!, Paul va descalzo. ¡Pero la cosa no acaba ahí! Todos tienen barbas mientras que él va afeitado. Y por si fuera poco, ¡fijémonos bien!, va fumando. Ese humo que asciende al cielo desde la mano del doble de Paul, ¿qué significa? Es obvio. Es el alma de Paul que estará ya en el cielo cantándole «Yesterday» a San Pedro.

Y la cosa no acaba aquí. ¿Os habéis fijado en la contraportada del «Sgt. Pepper's»?, ¿Eh? ¡Exacto! Todos están de frente, ¡¡¡todos!!! ¿menos quién? Sí, sí, sí, Paul, o sea, el supuesto Paul, posa de espaldas, mandándonos un mensaje muy claro. Paul está muerto.

Pero volvamos a «Abbey Road». Sigamos observando.

Detrás de los que cruzan (los tres Beatles reales y el usurpador) hay un coche sobre la acera con la matrícula LMW 28 IF. Esa es la prueba definitiva. Porque Paul tendría, de estar vivo, 28 años en ese momento. IF significa «si», es un condicional. O sea, que lo que los Beatles estaban diciéndole al mundo era: si Paul estuviese vivo tendría 28 años. Además, fijaos en esas letras de esa matrícula, fijémonos en esas iniciales:

L inda
M cCartney
W idow

o sea, Linda McCartney Viuda.

Además, si se escuchan ciertas canciones de los Beatles al revés (ya hay que tener ganas) se escuchan mensajes que lo afirman. En fin, si escuchas un disco de los Beatles, o de quien sea, del revés, puedes escuchar que McCartney está muerto o que van a subir las acciones de los chupachúps en bolsa. Todo es ponerse. Y los que mantienen la PID, puestos, deben de ir bastante.

Años después, será el propio John el que, sin querer, alimenta la locura sobre la muerte de Paul en la canción, dedicada a él, pero para insultarlo (estamos en 1971, él y Paul están peleados), titulada «How Do You Sleep?», Lennon canta: «Those Freaks Was Right When They Said You Was Dead», o sea, «esos frikis tenían razón cuando decían que estabas muerto». Lo que era una pulla malévola en la canción servía para que todos los que se creían la historia del PID siguiesen acumulando «pruebas». Si el propio John lo decía…

La paranoia que siguió al anuncio del descubrimiento de que Paul estaba muerto provocó que el 22 de octubre, o sea, diez días después del anuncio radiofónico, el propio Paul (o su doble, vete tú a saber) tuviese que dar una rueda de prensa para decirle al mundo que él estaba vivo. Semejante evidencia, por supuesto, a los seguidores del PID sólo les hizo confirmar que sí que estaba muerto. Menos mal que en aquel entonces no había redes sociales, porque iba a ser un asunto muy divertido.

Días después de que todo esto empezase, los discos en los que teóricamente hay pistas sobre la muerte de Paul alcanzan cifras de ventas de récord y vuelven a entrar en las listas de éxito estadounidenses. Es la parte buena de la paranoia, a fin de cuentas.

A día de hoy, hay gente que sigue viviendo de dar charlas contando que Paul está muerto y que todo es mentira. E incluso se han publicado libros. Yo tengo uno que da mucha risa. Es de unos tales Paolo Baron y Ernesto Carbonetti y el título ya lo deja todo claro: «Paul ha muerto. Cuando los Beatles perdieron a McCartney».

En fin.

RECETA PARA ESTROPEAR UN DISCO DE LOS BEATLES... Y PARA ARREGLARLO

En este libro hemos hablado varias veces del frustrado proyecto «Get Back» que terminó originando el LP titulado «Let It Be», publicado en 1970 y ya con los Beatles cada uno por su lado, ahora sí, envueltos en muy malos rollos con procesos judiciales incluidos. Ninguno de los cuatro quiso saber nada de los treinta rollos de cinta grabados durante el mes de enero del año anterior y que contenía, como se pudo comprobar, música realmente buena. George Martin, el eterno productor del grupo, tampoco quería responsabilizarse de editar una música que se había hecho fundamentalmente sin él en el estudio, así que terminó ofreciéndo-sele a Phil Spector, uno de los productores musicales más controvertidos de toda la historia, con el que se ha peleado todo el mundo, pero que, al mismo tiempo, gozaba de una gran reputación por haber creado el «muro de sonido» que no viene a ser otra cosa que una recargadísima pista de coros y arreglos pesados que se come cualquier canción. En aquella época gustaba. Hoy resultaría empalagosa como un bocadillo de dulce de leche.

Spector era un productor de renombre, pero también todo un personaje. Falleció en 2020, con 81 años. Se lo llevó la COVID por delante en la enfermería de la prisión en la que cumplía condena tras el asesinato de la actriz y modelo Lana Clarkson, a quien se cargó de un disparo. La policía lo pilló en el momento en el que estaba enterrándola en el jardín. Imaginamos a Phil diciendo algo así como «señores agentes, esto no es lo que parece». Pero era lo que parecía, sí.

Los que lo trataron decían de él que era tan genial como déspota, tan creativo como loco. Echadle un ojo al libro de Ronnie, su exmujer. Leonard Cohen hizo un disco con él. Tras hacer toda la Cara A, informó al productor de que no tenía más ideas para el resto del disco. Spector sacó una pistola y le apuntó para que lo acabase. Cohen fue capaz de hacerlo. Brian Wilson, el líder de los Beach Boys, uno de los músicos más admirados por Paul (su «Pet Sounds» provocó de alguna forma el «Sgt. Pepper's»), explicaba que tenían una canción llamada «Fire» y que Spector, para «inspirarlos», le plantó fuego al estudio. Casi se mueren todos.

Un personaje.

Al Pacino lo encarnó en el cine.

Antes de eso, él llega a los Beatles y viene precedido de esa fama de tío complicado pero que, a fin de cuentas, terminaba sacando buenos discos adelante. Había producido a The Ronettes (que tanto admiraban los Beatles) o a Ike y Tina Turner. En los 70, trabajará con grupos míticos como Ramones (que estaban literalmente muertos de miedo con él) o más adelante, con la propia Yoko Ono.

Tenía un notable talento como compositor y vocalista (hace los coros en bastantes momentos del disco «Imagine») y los Beatles de la primera época solían interpretar en sus espectáculos su composición, una balada deliciosa, «To Know Him Is To Love Him». Spector no era, desde luego, un indocumentado.

A George y a John les gustaba Phil Spector. De hecho va a trabajar en bastantes proyectos de los dos en los años siguientes a pesar del desastre del «Let It Be» (produjo

«Imagine» de John y «All Things Must Pass» de George, del que también coprodujo el concierto por Bangla Desh o el prescindible «Rock and roll» de Lennon. Casi nada). Paul, simplemente, se desentendió de todo lo que tuviese que ver con ese disco... y ese fue su error porque cuando salió a la venta, directamente, se echó las manos a la cabeza. Lo comían todos los demonios al ver lo que, sin su consentimiento, Spector había hecho en algunas de sus canciones, sobre todo en la hermosísima (ahora, ya lo explicaremos, en aquel entonces, no) «The Long And Winding Road». Y yo incluiría el «I Me Mine» de Harrison. Y también el «Across The Universe» de Lennon. En fin, todo el disco.

Por partes.

Concedámosle a Spector que el «marrón» al que tenía que enfrentarse no era fácil de hacer. Tenía horas y horas y horas y horas de grabación de temas de los Beatles, ninguno en una toma definitiva, con conversaciones por el medio, con distintas letras según cantasen hoy o mañana. El tema era difícil. No se trata —aunque se lo merezca— de crucificarlo porque sí. Así que digamos que hizo el mejor disco que podía hacer... o no. Porque el problema es que hizo un disco de los Beatles «spectorizado». El famoso «muro de sonido», su cartilla de presentación y aportación genial al mundo del pop, está por todas partes y algunas canciones, las tres citadas por ejemplo, están llenas de coros femeninos, algo que para los Beatles era una línea roja que por nada del mundo se debía traspasar. Se conserva la carta de cabreo que Paul le envió a Spector sobre ese asunto. Terrorífica.

Titulamos este capítulo «cómo estropear un disco de los Beatles... y cómo arreglarlo».

El disco se arregló en 2003 cuando gracias al empuje de Paul se publicó «Let It Be... Naked» o sea, el disco «desnudo». Podrían haberlo titulado «des-spectorizado» y los seguidores habríamos pillado el chiste.

Quien escuche con atención el disco de 1970 y el de 2003 comprobará que el segundo es sensiblemente mejor y que lo es, precisamente, porque está limpio, porque está desnudo de todo lo que Spector le incluyó y que, de verdad, seamos serios, le sobra. Todos esos violines bestias de «The Long And Winding Road» sobran. Y los coros femeninos. Ojo, no por ser coros de mujer. Es que son un pegote, quedan mal. Lo mismo podemos decir de la sobria «I me mine», una canción que George compuso, precisamente, de una forma muy desnuda, casi sin adornos. Él decía que así la quiso hacer, una canción sencilla y bonita. A Phil Spector debió de parecerle demasiado simple y le metió un crescendo de instrumentos varios —y voces, muchas, de chicas— que estropean la canción. Y qué decir de ese poema musical que es «Across The Universe», una de las favoritas de George Martin, precisamente, por su sencillez. Termina llena de cosas. De sonidos muy raros y, de nuevo, coritos de gargantitas de chicas que no le añaden nada. Más bien, la estropean por completo.

En 2003 Paul les pide a los ingenieros de EMI que busquen esos 30 rollos de grabaciones y que, usando la tecnología digital, limpien en lo posible las canciones. Tan bien lo hacen que incluso en «Dig A Pony», de John, que se equivoca en una nota, y desafina, se cambia para que quede perfecta.

Lo que tenemos es un disco lógico, un disco que demuestra que eran un grupazo de rock and roll. De hecho, aquellas sesiones de enero de 1969 habían nacido para ensayar temas nuevos para tocar en directo. Ya lo contamos antes. Así que eran canciones básicas para tocar con la formación clásica del grupo, que también explicamos al inicio de este libro, a saber, Ringo, batería, George, guitarra solita, John, guitarra rítmica, Paul, bajo. Y para echar una mano en las teclas, Billy Preston. Lo que hace Phil Spector es, de lo que tenía que ser un espectáculo de fuegos artificiales, una bomba nuclear. Un rollo destructivo. Menos mal que un par de meses más tarde nos regalaron esa obra de arte que es «Abbey Road». Menos mal que el «Let It Be» de Spector no fue lo último que nos dieron porque hubiéramos pensado: lógico que se separen. Casi mejor que lo dejen, sí. Han perdido chispa. Demasiado muro de sonido. Así no nos gusta tanto.

Cuando Paul y Ringo en 2003 (sobre todo Paul, Ringo se limitó a decir que sí, que le parecía bien) desnudan el «Let It Be», lo primero que hacen es ofrecer las canciones tal y como fueron grabadas, sin adornos, sin añadidos. Tomas en directo. Las que consideraron mejores. Ni siquiera se limitaron a ofrecer las mismas con las que trabajó Spector. En absoluto. Su implicación en el año 70 fue tan nula que ahora, tantas décadas después, en otro milenio, volviendo a escuchar aquel material se daban cuenta de que había tomas mucho mejores que las que Spector había usado. Usado y mezclado. Porque hay canciones que hizo más largas o más cortas según su soberana voluntad. Insisto, no es cuestión de crucificarlo. Ninguno de los Beatles estaba allí con él para decirle que no, así no, Phil.

Lo primero que nos sorprende es que además de estar ordenadas de otra forma (ahora empieza con «Get Back», algo lógico pues así se llamaba el proyecto originalmente) se han cargado dos «canciones» del proyecto de Spector, concretamente «Dig It» y «Maggie Mae». Pusimos la palabra «canciones» entrecomillada porque no son canciones en sentido estricto. Son improvisaciones, pequeños momentos cachondos que, por lo que sea, Spector decidió incluir y que a los fans, la verdad, siempre nos habían desconcertado. Por otra parte, deciden meter en la versión desnuda ese monumento de canción y de interpretación que es «Don't Let Me Down» y que Spector, en qué estaría pensando, no metió en el LP.

Cuando escuchamos el «Naked», que así lo llamamos los beatlemaníacos. sentimos que, ahora sí que sí, estamos escuchando a los Beatles. Antes estábamos comiéndonos, en vez de un bisté, un pedazo de carne con vapor de cebolla, esencia de aguacate y patatas ribeteadas con almidón glucosado, por decir cualquier tontería, pero que creo que se nos entiende. Ahora tenemos las canciones en un punto perfecto de digestión. Además, se han cargado los comentarios que ellos hacen, los aplausos que se escuchan, las risitas. Ahora lo que hay es música. Es como si Paul y Ringo quisieran decir (y lo hacen en nombre de sus dos compañeros desaparecidos): éramos así de buenos.

«The Long And Winding Road», ya lo hemos dicho, es ahora una hermosa canción. Casi podemos decir que, con «Let It Be», forman una especie de único tema donde el piano de Paul, por fin, se escucha. En esta segunda canción, Spector había metido tantas cosas que los coros, angelicales (pero en el mejor sentido) de George y John, hermosísimos, ni se escuchaban. Se intuían. Pero no se escuchaban como tenía que ser. «Across The Universe» vuelve a sonar con la sencillez con la que John se la tocó un día a George Martin, emocionándolo. «Get Back» es ahora más corta, más rotunda. Antes era un poco chirigota.

Y así todo.

Así pues, un álbum de los Beatles se puede estropear pero, como la música es tan buena, también se puede arreglar. Y ellos, por supuesto, lo arreglaron.

UNA MALA CURVA. UN BIGOTE. LA MODA

Cuenta Geoff Emerick que cuando llegó al estudio el primer día de grabación de «Strawberry Fields For Ever» (estamos pues en 1967 y empezando a gestarse el «Sgt. Pepper's»), se quedó muy sorprendido al ver que los chicos venían, los cuatro, con bigotes. Fue un sorpresón que duró muy poco porque, a fuerza de dejarse ver con esa pinta (nada usual en los veinteañeros de los 60), pronto el resto de la juventud mundial iba a imitarlos. También Emerick.

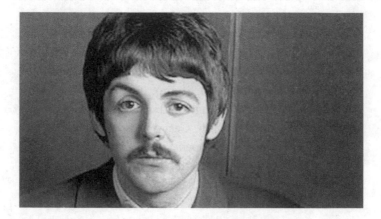

Podríamos pensar que los Beatles estaban deseando cambiar de imagen. Que estaban cansados de ese peinado a lo tazón con pelo todo-para-adelante, que ya no les gustaba que les viesen de esa manera y ahora estaban intentando cambiar de estilo. En fin, algo de eso hay. Pero las cosas son mucho más prosaicas, mucho más absurdas, más... accidentadas.

Paul McCartney, como los demás, estaba de vacaciones antes de entrar en el estudio para grabar el «Pepper». Paul quería ir a visitar a su padre, Jim, con el que estaba muy unido. Papá estaba en Cheshire. Estaba con él el heredero del imperio cervecero Guiness, Tara Browne. Una vez allí, a Paul no se le ocurre mejor idea que alquilar un par de motocicletas para dar paseos por la zona. Las alquilan y se suben. La vida es bella, la noche es joven y la velocidad maravillosa.

Paul sugiere que vayan en moto hasta Liverpool para visitar a su prima Bett. Paul, buen cicerone, va charlando con Tara y explicándole las maravillas del paisaje que van dejando atrás. Pero el problema de eso es que te puedes despistar. Y si te despistas yendo en moto, y más en aquella época en la que nadie, o casi, se ponía un casco, te la puedes pegar. Y Paul se la pegó bien pegada.

Se cayó, literalmente, de cara contra el suelo. Se incrustó, literalmente, contra el pavimento. Y un diente, literalmente, le atravesó el labio superior. Sangre. Dolor. Y ahora qué hacemos.

Como dos avezados *riders* decidieron continuar el viaje. Nada más llegar a la casa de la prima Bett esta puso el grito en el cielo. Mandó llamar a un amigo médico que le explicó a Paul que la única forma que había para que dejase de sangrar, y sobre todo, para que no le quedase una cicatriz espantosa, era coserle el labio. ¿Problema? Que no tengo anestesia.

El doctor cosió el labio de Paul McCartney a pelo, sin anestesia de ninguna clase. Por ello, Paul no podía tocar en esa zona durante mucho tiempo, así que el bigote, irremisiblemente, se abrió paso en su cara.

Al conocer la historia, los otros tres, en solidaridad, se dejaron también el bigote puesto. Y así, de esa forma, nació una moda que iba a contagiar a millones y millones de personas. Desde ese momento ser rockero y tener un bigotazo son sinónimos. Pero, como decimos, no fue una decisión muy meditada. Más bien, fue una curva mal tomada.

QUEDA LA MÚSICA

¿NO ERA PAUL EL QUE HACÍA BALADAS?

Una de las ideas más interiorizadas por mucha gente que conoce a los Beatles (¿quién no los conoce?), pero que no los ha escuchado en profundidad, es que en el dúo compositor principal, o sea, Lennon y McCartney, el primero era el rockero y el segundo el especialista en baladas. Ese tópico se desmiente en cuanto uno se fija con un poco de atención en el conjunto del catálogo musical de los Beatles. John hizo baladas magníficas como «In My Life» y Paul hizo rock puro en temas como «I'm Down» o incluso heavy metal como en «Helter Skelter». Ambos, digamos, le daban bien a todo.

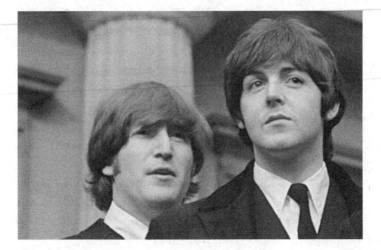

Aclarado esto, es importante detenerse un poco en el trabajo como baladista de Lennon y, sobre todo, en su manejo de las armonías vocales. Porque de un rockero —vamos a aceptar el tópico y asumir que John era la parte dura del cuarteto— no se espera un tratamiento armónico vocal tan cuidado como el que Lennon demuestra en algunas de sus composiciones. Concretamente, todas las canciones de los Beatles en las que hay armonías a tres voces (George, John y Paul) curiosamente son composiciones de Lennon. No hay ni una sola canción de McCartney en las 211 canciones grabadas por los Beatles en las que se juegue con las tres voces cantando melodías diferentes para empastarlas. Paul juega, y mucho, con las dos voces, la aguda para él, la grave para John, y consiguen la característica forma beatle de cantar en temas como «Babys In Black», una de las joyas beatle más desconocidas. Pero si alguien consigue armonizar hasta la perfección tres voces en una canción, eso sólo lo hizo John Lennon.

Desde mi punto de vista Lennon hace esto en cuatro canciones.

En primer lugar, en «This Boy», aquella canción lenta, preciosa, balada perfecta, en la que los tres se ponían alrededor del mismo micrófono para cantarla al unísono, cada uno en una clave distinta, perfectamente empastados como un gran grupo vocal.

En esa línea parecida, «Yes it is», que interpretaban de la misma manera. Se ponían juntos. Un único micrófono. Guitarras en mano. Ringo allá, al fondo, sosteniendo todo con su ritmo.

El máximo logro de esto está a mi juicio en «If I Feel». Sinceramente, creo que nadie ha conseguido sonar tan armónicamente bien en un disco de pop-rock como el trío Lennon-McCartney-Harrison en esta canción.

Y luego, finalmente, en la más que deliciosa «Because», en su último trabajo. Ringo siempre cuenta (y estaban a punto de separarse para siempre) que durante esa grabación, prodigiosa en armonía, él, que no podía cantar así, simplemente se sentó a escucharlos, con los ojos cerrados, gozando de la maravilla de ver pegadas esas tres voces que, juntas, eran simplemente increíbles.

¿CUÁNTA MÚSICA HICIERON LOS BEATLES?

Algo que impresiona, y mucho, a cualquiera que se pare a pensarlo mínimamente, es lo corta que fue la carrera de los Beatles. Aunque ya hemos explicado que todo arranca en 1957, con los Quarrymen y todo eso, como tales Beatles publicando discos de verdad en un sello discográfico de verdad, etc., eso no empieza hasta 1962, con el single «Love Me Do» y se termina en 1970 con el LP «Let It Be» con el grupo ya separado. No contamos aquí las canciones de Lennon «Free As A Bird» y «Real Love» que los otros tres terminaron en 1995 como parte del proyecto «Anthology». Centrándonos sólo en lo que fue su carrera como grupo, hablamos de apenas ocho años. Muy poco tiempo si lo comparamos con la trayectoria de la mayoría de los grandes grupos, algunos de ellos arrancando casi al tiempo que los de Liverpool (los Stones, sin ir más lejos) y todavía en activo.

Los Beatles están ocho años publicando discos que, sumadas todas las canciones, tanto de singles como de LP, nos dan un total de diez horas y media de música. En total, 22 singles y 14 LP. En Abbey Road quedaron más de 400 horas de grabaciones inéditas que, desde ese 1995 con el «Anthology», poco a poco han ido viendo la luz. Dejaron las giras en agosto de 1966 y se estima que habían tocado en directo unas mil cuatrocientas veces. Algunas de esas actuaciones, o fragmentos, están en YouTube o se han ido publicando en distintos materiales de audio o vídeo. Y de la mano de los propios Beatles hemos recibido buena parte de ese material inédito en, por ejemplo, la versión «desnuda» del «Let It Be» (2003), en la edición de lujo del «Álbum Blanco» de 2019, con las grabaciones domésticas en la casa de George, que tenía un pequeño estudio y en 2021 con el «Get Back». Antes, con las publicaciones de las muchas horas de grabación que habían hecho para distintos programas de la BBC. Todo eso nos llegó hace muy poquito. Pero lo que se dice la producción «normal» de los Beatles, son sólo eso, diez horas y media. Muy poco. Nos sobra más de medio día si lo queremos escuchar todo de un tirón.

Por eso digo que la cosa es fascinante. Publicando tan poco material, ¿cómo es posible que todo sea tan bueno? No podemos decir que todas las canciones son geniales. No. Las hay incluso prescindibles. Pero en líneas generales, el nivel demostrado por estos cuatro es, simplemente, para sacarse el sombrero. Sobre todo si, además, tenemos presente las circunstancias en las que se grabó, siempre contra el reloj, siempre en los descansos entre las giras, siempre intentando que fuesen varios los discos que se publicasen al año. Hoy no es así. Hoy un grupo saca un disco cada varios años, pero los Beatles sacaban muchos al año.

Matemática muy simple: si hemos dicho que estuvieron ocho años en primera línea de mercado, y publicaron 14 LP, eso quiere decir que sacaban un álbum grande cada nueve meses y medio. Si sacaron 22 discos sencillos, eso quiere decir que lo hacían cada cuatro meses y medio. El ritmo de trabajo que les imponían tanto Epstein como sobre todo George Martin nos llevan a afirmar que su producción es, realmente, heroica.

En la magna (casi 800 páginas) biografía que Philip Norman escribió sobre Paul se dice:

«Solo unos liverpulianos con la resistencia natural que les daba su origen, que habían aprendido a no dormir en Hamburgo, podrían haber mantenido ese rumbo. Si los miramos tal cual se mostraban en público aquellos días, siempre frescos y alegres, jamás podríamos imaginarnos la frecuencia con que acababan extenuados[56]».

Son diez horas y media que ocupan un universo entero, una cosmogonía de una época, refugio para millones de personas, frescura y audacia, incluso tantos años después.

---

56   En el libro citado de Norman, pág. 172.

Son diez horas y media en las que el tiempo queda congelado. No sólo el suyo, también el nuestro.

Diez horas y media que para nosotros, los beatlemaníacos, resumen el espacio y el tiempo, el bien y el mal, y son toda nuestra frontera musical, nuestra salud y nuestra enfermedad. Nuestro compromiso. Va más allá de un hobby o una frikada. Es nuestro latido más íntimo. Lo que escucharemos, seguramente, cuando iniciemos el mágico y misterioso viaje hacia ese largo y tortuoso camino que es el más allá.

Si se puede elegir música, que sea de los Beatles.

La música de los Beatles, o lo que es lo mismo, esas canciones… Así lo explicó una voz tan autorizada como la de Ringo Starr:

«No se trata de cómo lo hiciste. Sinceramente creo más en la canción que en la música. Lo que la gente silba es la canción. No silbas mi parte de batería. Y John y Paul compusieron algunas canciones asombrosas[57]».

Por mi parte, después de haber escuchado desde la infancia la música de los Beatles, ahora que estoy en los cincuenta y algo sólo puedo decir que escucho a los Beatles porque la música de los Beatles me provoca FELICIDAD.

57   En el libro citado de Hertsgaard, pág. 105.

EPÍLOGO:
ESPERO QUE HAYAMOS
SUPERADO LA AUDICIÓN

Al igual que Paul y John no tenían ni idea de la que iban a montar aquel día en que Ivan Vaughan, amigo común, los presentó en Wolton, antes de una actuación de los Quarrymen, los Beatles, ellos dos y George y Ringo, no tenían ni idea de que la última vez que iban a actuar juntos iba a ser en enero de 1969, en la azotea de Apple, en Saville Road, en pleno centro de Londres. Llevaban unas cuantas semanas preparándose para volver a dar un concierto después de haber decidido abandonar las giras en 1966. Han pasado, pues, tres años. Y están inseguros. Tocan con el talento de siempre, pero la idea de enfrentarse al público los turba. Quizás a quien menos, a Ringo, ese hombre tranquilo. Pero George, Paul y John, no lo ven tan claro.

Desde el momento en el que toman la decisión de dejar las giras, se habían encerrado en el estudio y, salvo esporádicas salidas a la televisión y un par de vídeos promocionales (también en esto fueron pioneros) no habían compartido escenario desde hacía, por lo menos, como decimos, tres años. Por eso, cuando se meten a trabajar en el proyecto «Get Back», lo primero que se plantean es que están allí para preparar un repertorio nuevo que interpretarán en directo ante público y que en eso hay que concentrarse:

conocer las canciones nuevas, decidir cómo las van a tocar, qué armonías se utilizan, quién toca qué..

Durante aquellas semanas de enero de 1969, la idea irá modificándose gradualmente hasta llegar a la ocurrencia, porque fue una ocurrencia de esas que se les, claro, ocurrían de vez en cuando, de tocar en la azotea, sin previo aviso y sin ninguna clase de permiso, para así provocar el caos y obligar a la policía a intervenir. Eso era lo que buscaban. Un escándalo. Y la policía, desde luego, apareció porque el centro de Londres se colapsó con el follón que esos cinco (estaba Billy Preston con ellos) armaban desde lo alto de la azotea.

Durante las sesiones de trabajo del «Get Back», que luego se convertiría en el último trabajo publicado por ellos, «Let It Be», los Beatles comienzan a ensayar las nuevas canciones con el espíritu, como decimos, de interpretarlas ante el público. Durante mucho tiempo se baraja la opción de irse a Libia, a un gigantesco teatro romano y hacer el concierto allí. La idea les parece fabulosa. Pero la abandonan enseguida. Ringo Starr pone una línea roja: de Inglaterra no se sale. Los demás quieren saber por qué. «No soporto la comida que no sea la comida inglesa» (menudo gusto, por cierto). Así que se olvidan de eso, pero no de tocar en público. Así que empiezan a tomar fuerza otras muchas ideas, todas acogidas con entusiasmo y abandonadas con el mismo entusiasmo un par de horas después.

Yoko, que estará presente todos los días, durante todos los ensayos, en todas las reuniones, en cada momento y en cada segundo del trabajo de los Beatles, agarrando el micro muchas veces para cantar (o aullar), plantea que por qué no hacen un concierto en un teatro. George Harrison es el menos entusiasmado, quizás porque es también el más realista. Repite continuamente que no están preparados, que no están tocando bien, que no se saben las canciones. John le da la razón continuamente. Y Paul, sí. Es la inseguridad de los músicos desentrenados. John le da la razón muchas veces a George. De hecho se olvida todo el tiempo la letra de todas las canciones. Si nos fijamos en la grabación de «Don't Let Me Down», en la azotea, hay un tipo en el suelo agarrándole un folio con la letra de su propia canción, con letras grandes que este es muy miope, para que la pueda cantar como es debido.

Yoko, que vive en un *happening* perpetuo, adorna su propuesta de tocar en un teatro. Sugiere hacer el concierto en un teatro lleno de sillas vacías. John se entusiasma pero, en fin, en aquella época John se entusiasma con cualquier idea que sugiera su novia. Los demás se suman al ánimo. Sí, hagámoslo. Un par de horas después ya no les vale esa idea. Entonces Paul dice que ya lo tiene: alquilarán un barco gigante y se irán a alta mar con 1000 personas cuidadosamente elegidas como público. Alguien dice que mejor se alquilan unos globos aerostáticos y tocan desde el aire.

Es por eso por lo que George va a desaparecer durante unos días. Siempre se ha dicho que era por el mal rollo que había. Y sí, un poquito de mal rollo había. Pero no por la música. Había mal rollo porque Apple Corps., la empresa que habían fundado se fundía, por hacer un juego de palabras. Había mal rollo porque John, sobre todo él, quería que Allen Klein les representase (fundamentalmente para fastidiar a Paul), mientras que Paul prefería a la empresa de abogados de su suegro en Nueva York (fundamentalmente para fastidiar a John). Además, a John «le ponía» que Allen contase que tenía relaciones con la mafia (era una bola, pero debía de contarla muy bien).

A pesar de todo esto, no había mal rollo musical. Por eso empezamos este libro hablando de las risas. Si leemos el libro «Get Back» de 2021 que es una simple transcripción de las horas y horas y horas de trabajo y conversaciones y reuniones y tés y canciones, y bromas, lo que vemos, es que se reían mucho, que trabajaban la música mucho, que se entregaban mucho.

Finalmente, alguien sugiere lo de la azotea. Pero en plan malotes: salimos a la azotea, tocamos altísimo, se monta un cristo, viene la policía y se llevan a Ringo mientras agita las baquetas en el aire. Literal. Y como decimos, la policía vino. Se mostró extremadamente educada, conscientes de que estaban ahí los Beatles y se limitaron a decir, ehem, ehem, verán, es que la gente se queja del ruido, sí, sí, si lo entendemos, los Beatles tocando en directo desde hace tres años que no lo hacían, oh sí, es genial, pero deberían tocar más bajito. Los polis eran más jóvenes que ellos y en las imágenes del documental y del libro se les ve, digamos, atribulados y con cara de qué hacemos.

Tocaron allí unas cuantas canciones. Al oírlas nos queda claro que, ya que era un directo, estos tipejos eran realmente buenos. Muy buenos.

Y al final, justo antes de irse (la policía, oh, que decepción, les dejó hacer todo el concierto previsto), Lennon agarra el micro y suelta:

«Me gustaría decir gracias en nombre del grupo y de nosotros mismos y espero que hayamos aprobado la audición».

Él no lo sabía, pero los Beatles se estaban despidiendo, con un chiste, de los escenarios para siempre. Aquella fue la última frase al micro. El último acorde de su guitarra, el último punteo de George, el último golpe de tambor de Ringo, la última línea de bajo de Paul, acababan de sonar unos segundos antes. Nunca más volverán a actuar juntos. Se acabó.

Como este libro.

Quisiera pues dar las gracias en mi nombre y espero haber aprobado la audición.